晚清士绅与直隶教育早期现代化研究

姜柏强　著

西苑出版社
XIYUAN PUBLISHING HOUSE
·北京·

图书在版编目（CIP）数据

晚清士绅与直隶教育早期现代化研究 / 姜柏强著. 北京 ：西苑出版社有限公司，2025. 2. -- ISBN 978-7-5151-1003-5

Ⅰ. G529.52

中国国家版本馆CIP数据核字第2025NZ4191号

晚清士绅与直隶教育早期现代化研究

WANQING SHISHEN YU ZHILI JIAOYU ZAOQI XIANDAIHUA YANJIU

作　　者 姜柏强
责任编辑 汪昊宇
责任校对 辛小雪
责任印制 李仕杰
开　　本 710 毫米 ×1000 毫米　1/16
印　　张 14
字　　数 190 千字
版　　次 2025 年 2 月第 1 版
印　　次 2025 年 2 月第 1 次印刷
印　　刷 小森印刷（北京）有限公司
书　　号 ISBN 978-7-5151-1003-5
定　　价 88.00 元

出版发行 **西苑出版社有限公司** 北京市朝阳区利泽东二路3号　邮编：100102
发 行 部 （010）84254364
编 辑 部 （010）64214534
总 编 室 （010）88636419
电子邮箱 xiyuanpub@163.com
法律顾问 北京植德律师事务所（电话）17600603461

序言

自“现代化”一词被西方学者提出以来，各国学者从社会学、人类学、历史学等视角进行了深入研究，形成了不同的学术流派。

历史学研究者认为，现代化是一个纷繁复杂、包罗万象、层次丰富的历史过程，这也是人们普遍理解的现代化。“广义而言，现代化作为一个世界性的历史过程，是指人类社会从工业革命以来所经历的一场急剧变革，这一变革以工业化为推动力，导致传统的农业社会向现代工业社会的全球性的大转变过程，它使工业主义渗透到经济、政治、文化、思想各个领域，引起深刻的相应变化；狭义而言，现代化又不是一个自然的社会演变过程，它是落后国家采取高效率的途径（其中包括可利用的传统因素），通过有计划的经济技术改造和学习世界先进，带动广泛的社会改革，以迅速赶上先进工业国和适应现代世界环境的发展过程。”[①]

---

① 罗荣渠．现代化新论：中国的现代化之路[M].上海：华东师范大学出版社，2012：12-13.

社会学、人类学家关注人的现代化，认为人是社会历史的缔造者，而现代化是在人的推动与主导下完成的，人的现代化是实现社会现代化的基础。“人的现代化是国家现代化必不可少的因素。它并不是现代化过程结束后的副产品，而是现代化制度与经济赖以长期发展并取得成功的先决条件。”①

教育学者关注教育现代化的发展历程。教育现代化是国家与社会现代化的重要组成部分，也是实现人的现代化的重要途径。国家与社会的进步、人的全面发展、知识与技术的革新、文化的传承与创新需要大力发展教育，以实现教育现代化，进而实现人的现代化和国家与社会的现代化。可见，对教育现代化的相关问题进行探讨、研究，不仅可以推动现代化研究的理论发展，还具有重要的现实意义。

人类的社会活动总是聚焦于一定的时间与空间。时间和空间是认识客观事物、社会发展进程及开展相关学术研究的两个重要维度。寻根溯源，分析、考察中国教育现代化的历史进程，其理论价值和现实意义不言而喻。但是，教育现代化是一个复杂的社会演进过程。对教育现代化的分析、考察和研究不能只关注人类教育活动时序性的变迁，还应对其空间属性和时间属性两者之间的联系加以特别关注。对于初涉这一领域的研究者来说，要从时间和空间上加以限定才能更全面、深入地认识这一历史进程，从而推动教育现代化研究的整体发展。

中国幅员辽阔、历史悠久，不同区域之间的自然环境、经济发展水平、历史文化传统等有着诸多差异。中国的教育现代化进程并非整齐划一，而是呈现出时空的差异性，由此建构了各具面貌的教育图景。中国的教育现代化艰难起步于 19 世纪中叶的晚清，这一时期是教育现代化酝酿、肇始的阶段，也被称作教育早期现代化。以晚清为时间范围来考察某一区域的教育现代化进程，是教育史研究，特别是区域教育史研究的重要内容。将教

① [美]英格尔斯著 . 人的现代化[M]. 殷陆君，编译 . 成都：四川人民出版社，1985：8.

育现代化这一复杂、多样的历史进程置于特定区域进行考察分析，不仅能够把握教育现代化发展的差异性，还可以拓宽区域教育史的研究视角。

晚清教育改革是以省为单位开展的。作为河北人，笔者对晚清直隶省的教育发展有着浓厚的兴趣。古冀州地是中华文明的发祥地之一，有着悠久的历史文化传统。作为京畿重地的直隶省在政治、经济、军事、教育、文化领域十分活跃，在近代中国占据十分重要的历史地位。将直隶省的教育早期现代化作为区域教育的个案进行研究，探索其从传统教育向新式教育转变的过程，具有一定的学术价值和现实意义。

对直隶省教育早期现代化进行研究需要深入具体的历史情境中，关注具有历史意义的事件。在晚清直隶省的传统教育向新式教育转变过程中，官员和士绅是发挥重要作用的两大群体。笔者在求学期间无意中了解到士绅这一连接官民的中间阶层，对其产生了浓厚的兴趣，进而有了对这一阶层在教育早期现代化进程中扮演的角色进行考察和梳理的想法。

本书从士绅群体的角度考察晚清直隶教育的早期现代化进程，分析这一阶层在晚清直隶省教育早期现代化进程中的活动与贡献，以期呈现中国教育早期现代化的宏观与微观图景，并对当今的教育实践提供一些参考。

笔者深知理论水平与学术功底存在不足，对教育现代化这一复杂问题进行梳理、分析难免存在疏漏之处，恳请各位学者批评指正。

姜柏强

2023 年 3 月 20 日

目 录

第一章

绪　论

第一节

选题缘起与研究意义

一　选题缘起

士绅阶层是我国古代社会结构中极为重要的一个阶层，这一阶层与古代科举制度紧密相关，他们是连接官员与民众的纽带。作为居于地方领袖地位、享有特权的社会集团及基层社区的控制力量，士绅在维系正常社会秩序的官、绅、民三种力量中扮演着十分重要的角色，其活动所及的领域和层次十分宽广，他们把持着如水利设施或桥梁、津渡的工程建设等各项地方公共事务，掌管着如育婴堂、恤嫠局、粥厂、义仓、社仓等官府不直接参与管理的地方公众财产和经济事业，并在兴办学务，设馆授徒，修建社学、义学，维修官学校舍、贡院等地方学务中发挥着重要作用。清朝中后期，国力衰微，西方列强凭借强大的军事力量敲开中国的大门，西方物质生产方式及西方文化随之传入我国，清政府在内忧外患的局面下废除科举制度。自此以后，士绅阶层逐渐转型与分化，他们中的一部分转型为军人和商人，还有一部分转型为新式知识分子。随着“西学东渐”与各项社会变革的深入，传统士绅阶层逐渐觉醒，认识到传统教育无法培养社会发展需要的实用人才。为此，士绅阶层主张推广新学，发展新式教育，并积极活跃于地方教育事业之中。这一阶层通过捐献学堂经费、进入新式学堂学习、创办新式学堂、改革传统教育机构、担任新式学堂教习等方式推动新式教育的发展，在晚清传统教育向新式教育的转型与发展过程中扮演了不可替代的角色。对这一群体的近代教育活动进行考察有助于人们更好地了解这一特殊阶层在近代社会中的转变与贡献。

二　研究意义

晚清士绅与直隶教育早期现代化研究是区域教育史研究的重要内容，对其进行考察和梳理能够丰富晚清直隶教育的研究成果。从教育史的角度而言，对晚清士绅阶层投身直隶近代教育的历史缘起及这一阶层在各级各类教育早期现代化过程中的活动内容、活动方式进行系统考察，对拓展我国区域教育史研究具有重要意义，并且为研究直隶近代教育变革提供新的思路与视角。

当今社会，教育是综合国力的重要组成部分，教育改革是关系国家和个人发展的重大内容。晚清教育改革虽然早已成为历史，然而，百余年前无数先驱开展教育改革的经验仍然值得今人学习。当今中国所处的环境及国情虽与清末有了本质上的区别，但当前的教育仍处于有待完善发展的境况，需要通过不断努力，推动教育的现代化发展。当今的教育教学活动与教育改革实践要合理对待学习西方和吸收民族文化传统的关系，在学习国外教育理念、方法、课程的同时，要吸收、弘扬中国教育传统与文化传统中的优秀部分，这与晚清中国社会所面对的情况十分相似。晚清科举制度的废除直接推动了近代士绅阶层的转型与分化，他们或主动或被动地参与晚清的教育改革当中，这一阶层通过各种方式推动直隶省传统教育向新式教育转变。通过考察晚清士绅在直隶近代教育领域内的活动，并对晚清直隶教育早期现代化这一特定历史进程进行反思与重新审视，有利于今人吸收其成功的历史经验，为当今的教育活动与教育改革提供有益借鉴。

第二节

概念界定

一　直隶

直隶为政区名。明制京师地区不设布政使司，各府、州直隶于京师，称为直隶，与十三布政司（或省）并为地方最高一级行政区域。明朱元璋洪武初年建都南京，以应天等十四府四州为直隶中书省，简称直隶，包括应天府、凤阳府、淮安府、扬州府、苏州府、松江府、常州府、镇江府、庐州府、安庆府、太平府、池州府、宁国府、徽州府十四府；徐州、滁州、和州、广德四直隶州，相当于今江苏、安徽两省。永乐十九年（1421），朱棣迁都北京，直隶地区包括顺天府、保定府、河间府、真定府、顺德府、广平府、大名府、永平府八府；延庆州、保安州二直隶州，相当于今北京、天津两市，河北大部和河南、山东的少部地区。迁都北京后以南京为陪都，直隶之名不废，为与北京直隶相区别，称南直隶，而直隶于北京的地区则称北直隶。清代建都北京，改明南直隶为江南省，北直隶为直隶省。[①]1914年长城以北地区划属热河、察哈尔两特别区。1928年改直隶为河北省。直隶省隶属于北京，北京作为清代的首都，独立性强，历史地位特殊，因而本研究将直隶定义为现今的天津、河北全境，而北京及清代直隶省所包含的现今河南、山东的少部分地区不在本研究的考查范围内。

二　士绅

目前学术界的众多学者对士绅阶层做了系统研究，但他们对士绅的定义并不统一，主要的区别在于士绅是否包括在职官员。

一些学者认为士绅包括在职官员。如张仲礼认为，凡具有功名、学品、学衔及官职者，即为绅士；他又进一步将绅士划分为上层绅士和下层绅士两大部分，上层绅士包括官员、进士、举人、各类贡生，下层绅士则包括各类生员、监生、例贡生等。[②]瞿同祖也将在职官员归为士绅集团的一员，他认为士绅阶层身包括正途士绅、异途士绅及官员（在职与离职皆包含在内）。正途士绅是指通过官府主持的科举考试，取得生员（秀才）以上的功名和官学正式学生的身份者；异途士绅是指通过捐买等方式而获取功名或官爵者；官员既包括在职官员，也包括丁忧、罢黜、退休的离职官员。[③]

还有一些学者认为士绅不包含在职官员。如王先明将绅士定义为地方社会中的不在职人士，他们主要通过参加官府主持的科举考试取得生员（秀

---

① 俞鹿年．中国官制大辞典（上卷）[M]．哈尔滨：黑龙江人民出版社，1992：632-633.

② 张仲礼．中国绅士——关于其在十九世纪中国社会中作用的研究[M]．李荣昌，译．上海：上海社会科学院出版社，1991：1.

③ 瞿同祖．清代地方政府[M]．范忠信，晏锋，译．何鹏，校．北京：法律出版社，2003：285-289.

才）以上的功名，也有一部分人通过捐纳等方式获得身份，而寄居乡里的离职官员、具有军功的退职人员及武科功名出身者也包含在内。[①]

在本研究中，“士绅”一词或称“绅士”，亦称“绅衿”，是指取得了科举功名（或学衔）而又不居官位的在野集团。这一阶层由三部分组成，包括正途出身享有科举功名（或学衔）的进士、举人、贡生、生员（秀才）及监生而又不居官位者；通过捐纳、恩荫、保举、军功等方式而取得异途功名或身份者；因丁忧、罢黜、退休等原因而寄居乡里的在籍离职官员。

三　教育早期现代化

教育早期现代化也称教育近代化，是国家及社会现代化的重要组成部分，指的是与几千年来自给自足的封建农业经济基础和封建专制政体相适应的传统教育，逐步向与近代大工业生产和资本主义发展相适应的近代新式教育转化演变的历史过程。[②]中国教育早期现代化是指自晚清以来，通过开展教育改革与实践，引进、效仿西方教育制度，实现传统教育向近代新式教育转变的历史过程。这个过程既体现在教学内容、教育制度、教学方法和手段等物化层次方面，也更深刻地反映在诸如教育理论、教育思想，以至于教育观念、社会心理、价值取向等精神、思想和心理层面。[③]

① 王先明．近代绅士——一个封建阶层的历史命运[M]．天津：天津人民出版社，1997：8-10.

② 田正平．留学生与中国教育近代化[M]．广州：广东教育出版社，1996：总前言页7.

③ 田正平．留学生与中国教育近代化[M]．广州：广东教育出版社，1996：总前言页8.

第三节

文献综述

士绅阶层推动下的教育早期现代化是中国教育现代化的重要内容。目前，还未见到从士绅群体的视角解读晚清直隶教育早期现代化这一特定历史进程的研究成果，但学术界对士绅阶层和晚清直隶省教育发展的研究较为成熟，为本研究的开展奠定了重要基础。相关的研究成果主要集中在如下两个方面。

一　士绅阶层的研究成果

士绅是中国社会结构中极为重要的一个阶层。近代，受"西学东渐"与科举废除的影响，士绅阶层逐渐接受并认可西方新学，他们中的一部分人转型为近代知识分子，在晚清的新式教育改革中发挥着重要作用。

目前，学界已有多项成果对士绅阶层的构成与特征、地位与角色、特权与社会流向、分化与消亡等方面做了梳理。因此，笔者能够较准确地把握该阶层的群体特征，并对其在中国近代社会的转型与分化有了清晰的认识。最为关键的是，笔者从这些研究成果中明确了士绅阶层的概念界定，这对本研究尤为重要。代表性成果有：周荣德的《中国社会的阶层流动——一个社区士绅身份的研究》[①]，马敏的《官商之间：社会剧变中的近代绅商》[②]，张仲礼的《中国绅士——关于其在十九世纪中国社会中作用的研究》[③]，王先明的《近代绅士——一个封建阶层的历史命运》[④]等。

随着西方列强的入侵与西学的广泛传播，清政府在逐渐意识到旧有制度的弊端后，实施各项改革措施以挽救困局。在教育领域，清政府通过废科举、兴学堂、建立新学制等措施开展教育改革。士绅作为清代社会结构中的特殊社会集团也积极参与其中，通过各种方式推动晚清新式教育的发展。对此，学术界已有的研究成果主要在于集中分析、考察了士绅阶层开展新式教育活动的原因、方式及对晚清教育变革的历史影响等。代表性成果有：罗小琼的《晚清"士绅"推动下的兴学热潮》[⑤]，胡艳的《清末绅士阶层对中国近代教育的影响》[⑥]，李晓英、牛海桢的《科举制废除及绅士阶层在新式教育领域中的贡献》[⑦]，王琳的《清末教育早期现代化中的

---

① 周荣德.中国社会的阶层流动——一个社区士绅身份的研究[M].上海：学林出版社，2000.

② 马敏.官商之间：社会剧变中的近代绅商[M].武汉：华中师范大学出版社，2003.

③ 张仲礼.中国绅士——关于其在十九世纪中国社会中作用的研究[M].李荣昌，译.上海：上海社会科学院出版社，1991.

④ 王先明.近代绅士——一个封建阶层的历史命运[M].天津：天津人民出版社，1997.

⑤ 罗小琼.晚清"士绅"推动下的兴学热潮[A].纪念《教育史研究》创刊二十周年论文集（3）——中国教育制度史研究[C].2009.

⑥ 胡艳.清末绅士阶层对中国近代教育的影响[A].纪念《教育史研究》创刊二十周年论文集（3）——中国教育制度史研究[C].2009.

⑦ 李晓英，牛海桢.科举制废除及绅士阶层在新式教育领域中的贡献[J].甘肃社会科学，2006（6）.

地方绅士》[①]等。

上述成果从全国着眼，对晚清士绅在新式教育领域内的活动背景、活动方式及历史作用等进行了考察与梳理，为笔者把握士绅阶层在近代教育中的角色与作用提供了有益参考。此外，还有一些研究成果从某一地域着眼，论述士绅阶层的新式教育活动，考察了士绅阶层在中国各地如江苏、河南、浙江、湖北等省的新式教育活动。代表性成果有：刘正伟的《督抚与士绅——江苏教育早期现代化研究》[②]，周志曼的《清末河南传统士绅与新式教育》[③]，王立的《清末江浙地区乡绅兴办新式教育研究》[④]，刘春丽的《晚清湖北绅士与地方教育——以黄州府、武昌府、汉阳府为中心》[⑤]。这些成果考察了士绅阶层在中国其他省份的新式教育活动，包括开展新式教育活动的原因、途径和历史影响等，虽未涉及晚清直隶省，但能为本研究提供重要参照。

士绅阶层在直隶省的教育活动是本研究的重点内容。霍伟的《官绅协力与清末直隶新式教育的生成》[⑥]考察了官员士绅在直隶新式教育发展中的作用，并指出官绅合作发展教育是后发型国家实现教育现代化的重要路径，为笔者研究晚清官员和士绅阶层在直隶教育早期现代化过程中扮演的不同角色提供了线索。王少芳、孙邦华的《论清末直隶官绅赴日考察对近

---

① 王琳．清末教育早期现代化中的地方绅士[J]．兰州学刊，2007（7）．

② 刘正伟．督抚与士绅——江苏教育早期现代化研究[M]．石家庄：河北人民出版社，2001．

③ 周志曼．清末河南传统士绅与新式教育[D]．南昌：南昌大学，2015．

④ 王立．清末江浙地区乡绅兴办新式教育研究[D]．北京：中共中央党校，2009．

⑤ 刘春丽．晚清湖北绅士与地方教育——以黄州府、武昌府、汉阳府为中心[D]．兰州：兰州大学，2007．

⑥ 霍伟．官绅协力与清末直隶新式教育的生成[J]．河北师范大学学报（教育科学版），2011（1）．

代教育之影响机制》[①] 从心理机制、权责机制和行动机制三个方面论述了清末直隶官绅赴日考察对直隶近代教育的影响，使笔者清晰地了解了晚清直隶官绅赴日考察后教育观念的转变、考察归来后的任职及考察之后的教育活动。江沛的《留日学生、东游官绅与直隶省的近代化进程（1900—1928）》[②] 对晚清留日学生、官员及士绅归国后推动直隶省司法、技术、实业及教育的发展情况进行了论述，其中对于东游士绅推动直隶省教育改革和人才培养的介绍对本研究具有重要的借鉴意义。

上述研究成果对直隶官绅赴日本教育考察以及官绅合作的办学模式做了梳理，为笔者研究晚清官员、士绅的教育活动提供有益参考，但是以上成果中关于晚清士绅阶层在直隶兴办新式学堂、任职教员等具体教育活动的研究十分稀少，需要笔者进行深入考察。

二　晚清直隶教育的研究成果

区域教育史是中国教育史的重要研究领域，目前学界对晚清直隶省教育的研究成果颇丰。其中，《河北教育史》[③] 一书是区域教育史研究的一部重要成果。该书史料丰富，论证清晰，是研究直隶省教育发展的重要参考书目。该书共分三卷，第一卷分析河北省古代教育的发展历程；第二卷论述河北省教育的近现代变革与实践，详细阐述了近代各级各类教育的发展与变革；第三卷呈现新中国成立后河北省教育改革与发展。晚清直隶省教育最发达的地区当属省城保定和天津，众多开明士绅在两地开展新式教

① 王少芳，孙邦华．论清末直隶官绅赴日考察对近代教育之影响机制 [J]. 河北师范大学学报（教育科学版），2013（5）．

② 江沛．留日学生、东游官绅与直隶省的近代化进程（1900—1928）[J]. 史学月刊，2005（5）．

③ 阎国华，安效珍．河北教育史 [M]. 石家庄：河北教育出版社，2003.

育实践。学界对保定、天津的近代教育史研究成果显著，其中《天津教育史》[①]是中国地方教育史研究的又一力作。该书上卷部分对天津近代教育发展历程做了详细梳理。《天津近代教育史》[②]是研究天津近代教育发展的另一重要成果，考察了洋务运动时期、维新变法时期、晚清新政时期的天津教育变革历程。《保定近代教育史略》[③]记录了清末至新中国成立前保定的教育发展，虽然较为简略，但却为笔者研究士绅在直隶省城保定的教育活动提供了线索。

学界对近代直隶省各级各类教育的研究也十分成熟，大量学位论文聚焦于直隶省近代各类教育，包括洋务教育、留学教育、学校教育、社会教育、医学教育及教会教育等，阐述了清末直隶省各类教育的发展状况。代表性成果有李梦姣的《清末直隶中学教育研究》[④]，吕晶的《清末直隶社会教育探究》[⑤]，龚德祥的《清末十年直隶小学教育研究》[⑥]，杨红兰的《清末民初直隶师范教育研究（1902—1922）》[⑦]等。

直隶省教育早期现代化是中国教育现代化的重要组成部分，目前学界针对这一问题的专著成果较少。樊国福的《近代留日学生与直隶省教育近代化研究》[⑧]一书是研究直隶省教育近代化的重要成果，考察了近代留日学生对直隶省军事教育近代化、师范教育近代化和政法教育近代化的历史

---

① 赵宝琪，张凤民．天津教育史[M]．天津：天津人民出版社，2002.

② 张大民．天津近代教育史[M]．天津：天津人民出版社，1993.

③ 保定市政协文史委员会．保定近代教育史略[M]．保定：河北大学出版社，1992.

④ 李梦姣．清末直隶中学教育研究[D]．石家庄：河北师范大学，2015.

⑤ 吕晶．清末直隶社会教育探究[D]．石家庄：河北师范大学，2010.

⑥ 龚德祥．清末十年直隶小学教育研究[D]．北京：首都师范大学，2007.

⑦ 杨红兰．清末民初直隶师范教育研究（1902—1922）[D]．保定：河北大学，2012.

⑧ 樊国福．近代留日学生与直隶省教育近代化研究[M]．石家庄：河北教育出版社，2016.

影响。王兆祥的《华北教育的近代化进程》[①]则把教育放到社会变革的大背景下分析、梳理华北教育的近代转型，总结了华北地区教育的发展特点。

对直隶教育早期现代化这一问题的研究更多集中于学位论文和期刊论文，从不同的视角对直隶教育早期现代化进行考察与论述，如王金霞的《袁世凯与直隶教育早期现代化——政治家视野中的教育变革》[②]与李风的《清末民初天津留学教育与天津教育早期现代化》[③]，分别考察了官员、留学生群体在直隶教育早期现代化中的活动和历史贡献，但缺乏对晚清士绅阶层在直隶教育早期现代化中角色与作用的考察。

综上，以晚清直隶省教育为研究内容的成果比较丰富，已有成果对晚清直隶省教育的整体发展及各级各类教育做了详细的考察，对官员、留学生群体在直隶教育早期现代化进程中的活动及作用多有研究，但缺少从士绅群体的角度考察晚清直隶教育早期现代化的成果，因此本书将做重点论述。

---

① 王兆祥．华北教育的近代化进程[M]．天津：天津社会科学院出版社，2008.

② 王金霞．袁世凯与直隶教育早期现代化——政治家视野中的教育变革[J]．河北学刊，2007（6）.

③ 李风．清末民初天津留学教育与天津教育早期现代化[D]．天津：天津师范大学，2012.

第四节

研究方法

一　文献分析法

《直隶教育杂志》[①]《北洋官报》《学部官报》《大公报》等近代期刊与报纸是研究中国近现代教育史的重要刊物，刊载了大量晚清直隶省及全国新式教育活动的报道、论说、奏章和统计资料。直隶各省区地方志是研究区域教育史的宝贵资料，其中记载了大量士绅发展新式教育的个案。通过文献分析法对这些史料中有关士绅从事新式教育活动的内容进行全面的

① 《直隶教育杂志》，光绪三十年十二月初一（1905年1月6日）在天津创刊，半月刊，直隶学务处（后改直隶学务公所）编辑及发行。1911年10月22日停刊，共出137期。初名《教育杂志》，第二年第5期起（1906年4月24日）改名《直隶教育杂志》，1909年2月20日开始，又改名《直隶教育官报》，但刊眉仍标《教育杂志》及《教育官报》。栏目有查视各学堂的报告、论说、时间、文牍、学术、学制、章奏、时闻、杂录等。《直隶教育官报》属于教育行政公报，是晚清时期的重要官办教育刊物，也是研究中国近现代历史、政治、教育等的重要资料。该刊上的一些文章提到要实行强迫教育（即义务教育），对我国普及初等教育提出了很多设想，同时对清政府的官方学校进行了抨击，对各级教育制度及教育理论均有许多论述，希望改良官办学校，实行教育救国。

搜集、整理和分析，并结合教育学、历史学等多领域内与晚清士绅教育活动相关的著作和论文，对晚清士绅阶层在直隶教育早期现代化进程中的活动进行考察、梳理，力求真实展现晚清士绅群体在直隶省教育早期现代化进程中所扮演的角色。

二　个案研究法

在人文社会科学的学术研究中，个案研究是较为常见的一种研究方法，是指将研究对象中的某一典型案例作为有机整体，就某种特定的社会现象或问题对该典型案例进行系统考察与梳理，以揭示其所呈现的本质与规律，从而寻求适当的解决方案的研究方法。本研究通过搜集晚清士绅开展直隶省新式教育活动的大量个案，对其进行分析、归纳、总结，进而解读晚清士绅群体在直隶教育早期现代化中的活动，呈现晚清士绅与直隶教育早期现代化的宏观与微观图景。

第五节

创新点与难点

一　创新点

在科举制废除的影响下，士绅阶层的产生机制面临终结，他们逐渐分化与转型，或主动或被动地投身到新学之中，对近代教育的发展产生重要影响。清代直隶省作为首善之区，士绅阶层在其近代教育活动中十分活跃。但目前学界对晚清官员的教育实践活动研究较多，对士绅这一官民之间的特殊群体在直隶省开展近代新式教育活动的关注较少。本书的创新点在于以晚清士绅阶层的直隶新式教育活动为研究对象，以士绅群体与教育结合为切入点，从士绅群体的角度考察晚清直隶各级各类教育的早期现代化历程，以此来扩展区域教育史与教育现代化这一复杂问题的研究视角。

二　难点

关于晚清士绅在直隶省的近代教育相关活动的记载主要散见于直隶各地地方志等地方文献史料与《直隶教育杂志》《大公报》《北洋官报》等

近代期刊、报纸当中，资料零散不易搜集，资料收集的难度大。对某一群体的教育活动进行研究，需要搜集大量史料，以论证这一群体在教育实践活动中的参与程度。以士绅和教育结合为切入点，从士绅群体的角度考察晚清直隶教育早期现代化，对搜集的资料进行分析、综合，还原该阶层在直隶省的近代教育活动，需要具备一定的历史学和教育学理论，这些都加大了撰写的难度。

第二章

晚清士绅与直隶教育早期现代化的历史缘起

直隶省的教育早期现代化起步于19世纪末20世纪初的晚清，其由传统教育向近代新式教育转变的过程与士绅阶层有着密切联系。士绅阶层能够参与直隶省教育早期现代化这一特定历史进程并在其中发挥重要作用，有着特定的历史因素。

第一节

士绅阶层概述

士绅也称“绅士”或“绅衿”，主要由享有科举功名或学衔的进士、举人、贡生、生员（秀才）及监生构成，同时还包括通过捐纳、保举、军功等异途获取身份者，以及离职还乡的官员。这一阶层在古代社会中占有独特的地位，在推动地方社会发展、维护乡村社会秩序等方面扮演了重要角色。在近代社会，士绅阶层虽因各种原因逐渐转型与分化并逐渐走向没落，但仍然在各领域中发挥着重要作用。

一　士绅阶层的地位及角色

社会总是以其特定的结构形态存在和发展着。在政治、经济、文化等因素的合力下，中国古代社会形成了由皇室宗亲、官僚、士绅、平民等阶层组成的稳定而严格的结构体系。其中，士绅阶层作为连接官僚与平民的纽带，在地方事务的经营与管理中扮演着重要角色，具有独特的社会地位。

士绅阶层承担着一定的社会职责，热衷于家乡的福利保障和利益保护，在地方社会活动中十分活跃。按从事的具体社会活动来划分，士绅阶层承担的社会职责主要有如下三项。

一是地方文化事业。作为地方精英阶层，士绅承担了兴办学务、编修地方志等地方文化事业。

士绅阶层的产生与中国科举制度紧密相关，他们大都是科举制度与传统教育的受益者和支持者。这一阶层在地方上设馆授徒，捐资助学，开办义学、社学、私塾，维护官学校舍、贡院，推动地方学务及文教事业的发展。清代名臣陈宏谋制定的《义学条规四则》对“馆师”的选拔与任命做了严格的规定，从中可以看出士绅阶层在地方学务中的重要作用。

> 馆师宜慎也，成材之学取法宜上，经馆之师选择宜严。地方官留心采访，无论本地举贡及外来绅士，必须立品端方，学有根底者，延之为师。至于城乡蒙馆，即于本地附近生员儒士内，慎选诚朴自好、不与外事者。[①]

地方馆师、塾师须在士绅中选拔任命，而且只有品格端正、学识渊博的士绅才能有资格传授知识与文化。因此，士绅阶层在文化启蒙、道德建设等基础教育领域，以及为地方教育事业及风俗教化的发展贡献了重要力量。

此外，地方志的编修也离不开士绅阶层的广泛参与。清代，各级政府十分重视志书编纂，通常由地方官员出面组织饱学之士对各地的风俗、文化、经济等资料进行汇总与纂修。而士绅作为地方文化精英，不仅积极参与方志的修订、校对等工作，还主动捐资支持志书的编纂。如光绪年间保定府蠡县在编修志书过程中，得到了当地士绅的大力支持。《蠡县志》对此做了详细记录，如表 1 所示。

---

① 陈宏谋．义学条规四则 [A]. 徐栋．牧令书（卷 16）[Z]. 道光 28 年刻本：30.

表 1　士绅参与《蠡县志》编修人员统计表①

姓名	出身	修志贡献	姓名	出身	修志贡献
王其衡	举人	协修	宋心田	监生	采访
刘大壮	进士	协修	齐太培	贡生	捐钱七十吊
刘化南	生员	协修	齐升平	生员	捐钱七十吊
张良谟	岁贡生	校对	杜成德	监生	捐钱七十吊
祝经正	岁贡生	采访	王璇	生员	捐钱七十吊
杨廷鉴	廪贡生	采访	姚从桂	武生	捐钱六十吊
高女林	附贡生	采访	朱徽典	监生	捐钱五十吊
刘登甲	附贡生	采访	刘含章	生员	捐钱七十吊
翟振图	附贡生	采访	和位	监生	捐钱四十吊
张允中	生员	采访	齐冠珍	监生	捐钱四十吊
彭宗官	生员	采访	张九龄	监生	捐钱四十吊
贾朝东	生员	采访	刘广居	生员	捐钱六十吊
李锴	生员	采访	张云龙	武生	捐钱四十吊
谷玉麟	生员	采访	齐冠杰	生员	捐钱四十吊
鲁金铎	生员	采访	梁俊士	监生	捐钱四十吊
陈明冈	生员	采访	齐治国	监生	捐钱三十吊
姜云芳	生员	采访	苍利清	拔贡生	捐钱三十吊
冯玳珍	廪贡生	采访	杨培荣	武举	捐钱三十吊
石明鉴	生员	采访	宋履祥	生员	捐钱三十吊
吴莹玉	生员	采访	宋福祥	监生	捐钱三十吊

由此可见，士绅阶层凭借自身较高的文化素养，在地方私塾，义学、社学的修建及教学、管理，乃至在如地方志的编修等其他文化事业活动中都十分活跃，以至于清末教育改革兴起与发展时，士绅们也理所当然地成

① 韩志超等.光绪蠡县志[A].上海书店出版社编.中国地方志集成·河北府县志辑(第35册)[Z].上海：上海书店出版社，2006：3-4.

为发展新式教育的重要力量，“今之言学务者往往是绅非官”[①]。

二是地方公产。古代地方社会设有众多慈善机构及公共财产，如育婴堂、养济院、恤嫠局、普济堂、粥厂、义仓、社仓等。通常情况下，地方政府不直接参与这些公共财产的经营与管理，而是“以其事诿诸绅士”[②]，交由当地士绅代为执掌。借此，士绅们垄断了地方的公共经济命脉，成为地方公产的实际掌控者。

古代政府重视粮食储备与仓储建设，各府州县建有常平仓、义仓、社仓等粮储机构，由政府出资及民间捐献来筹备常平积储，以应对水旱灾荒、救济贫民。义仓、社仓作为常平仓的重要补充，是地方公产的重要组成部分，其粮食储备主要来自本地士绅、富足大户及商人的捐献。因而，义仓、社仓的经营与管理自然由士绅这一地方特权阶层把持。同治年间关于仓政整顿的一份敕令中有明确规定。

> 各直省督抚，即饬所属地方官申明旧制，酌议章程，劝令绅民量力捐谷、于各乡村广设义仓，并择公正绅耆妥为经理，不准吏胥干预。[③]

乾隆三十五年（1770），江苏布政使李湖为治理社仓流弊，拟定了《酌定社长章程疏》，对义仓、社仓负责人即社长的人员任命及业绩考核做了明确规定。从中可以看出士绅在义仓、社仓管理中的特权。

> 令该州县选本社不应试之殷实监生举充，司事三年，如出纳公平，仓无亏缺，详报道府，给扁奖励，再令接管三年。如始终如一，举充

① 复宁学务处沈观察桐论官绅办学意见书[A].沈同芳.江苏学务总会文牍[Z].上海：商务印书馆，1906：84.

② 郑观应.郑观应集（上）[M].上海：上海人民出版社，1982：533.

③ 清实录（第49册）[Z].北京：中华书局，1987：770.

乡饮。六年，另选充补。若办理不善，随时更换。如无不应试监生，即举诚实乡民充当。①

可见，士绅阶层具有较高的社会威望，为官府所信任。他们不仅优先担任仓正、仓副，对仓政进行监督和管理以确保仓政事务的有效运行，而且享有推举、弹劾义仓、社仓管理人员的特权。直至光绪四年（1878），清政府对义仓、社仓的经营管理仍然十分严格，“建仓存储，即由本邑公正士绅经管，不假胥吏之手”②。甚至民国时期，士绅阶层把持地方公共财产的情形也并未发生实质性改变，地方事务仍然由公正士绅管理。

三是地方公务。士绅作为乡村社会的实际管控者，在地方公共事务的管理中发挥着不可替代的作用。“邑有兴建，非公正绅士不能筹办。”③尤其是水利设施、桥梁、津渡、城垣及祠庙等地方工程，大都由士绅捐资并主持操办。如清代保定府定县齐保村生员王应祯，其人乐善好施、为富而仁，对地方公益事业十分热心，曾捐资兴修水利，造福百姓。“村有长沟，岁久淤塞，每淋雨，沟溢淹没禾稼，祯捐资开浚，工力浩繁，沟成，水患顿止。”④再如保定府蠡县大团丁村监生马先鸣，其人慷慨好施，为解决“村西大路低洼，夏秋间多陷溺苦”的问题，“自捐钱三千余缗，修桥以便往来”。⑤

在以上两个事例中，士绅兴修桥梁是为了造福一方，谋求地方整体利

---

① 清实录（第 19 册）[Z]. 北京：中华书局，1986：733-734.

② 朱寿朋 . 光绪朝东华录（第 1 册）[Z]. 北京：中华书局，1958：629.

③ 叶镇 . 作吏要言 [A]. 徐栋 . 牧令书（卷 7）[Z]. 道光 28 年刻本：4.

④ 何其章等修，贾恩绂纂 . 民国定县志 [A]. 上海书店出版社编 . 中国地方志集成 · 河北府县志辑（第 35 册）[Z]. 上海：上海书店出版社，2006：552.

⑤ 韩志超等 . 光绪蠡县志 [A]. 上海书店出版社编 . 中国地方志集成 · 河北府县志辑（第 35 册）[Z]. 上海：上海书店出版社，2006：124.

益，而不是为其私产。这就为士绅阶层赢得了巨大的威望和信任，以至于在一些大型工程建设中，也可以看到士绅活跃的身影。大型的水利设施、桥梁及津渡工程建设系地方官府负责，通常由官员出面组织、协调、指导，而工程的具体筹备、兴建及执行则由士绅完成。广东《惠州府志》和广西《容县志》所记载的相关内容有助于说明这一事实，如表 2 所示。

表 2　惠州、容县两地桥梁、津渡修建情形统计表

惠州	桥梁	津渡	容县	桥梁	津渡
绅修	34	1	绅修	52	21
民修	18	1	民修	32	22
官修	10	1	官修	3	
官绅合修	3	1			

（资料来源：《惠州府志》卷五；《容县志》卷八）

士绅积极参与工程建设，努力推动地方公共事务的经营、管理和地方社会的发展。这一阶层作为“四民之首，为乡民所仰望”[①]，是连接官员与平民百姓的重要纽带。政府颁布的政策法令，往往需要借助士绅的力量才能得以施行，而百姓的诉求也须通过士绅传达给各级官员。为更好地办理地方公务，地方官员通常需要与这一阶层合作，“地方公事，官不能离绅士而有为”[②]。

作为乡村社会的精英阶层，士绅的社会活动并不局限于上述三项地方事务，他们在维护社会治安、调解乡民纠纷等其他领域的活动同样十分活

① 吕实强．中国官绅反教的原因（1860—1874）[M]．台北：近代史研究所，1985：165．

② 胡林翼．麻城县禀陈各局绅筹办捐输情形批 [A]．胡文忠公全集（第 4 册）[Z]．上海：东方文学社，1935：200．

跃。但就此三项事务，也足以突显士绅在官民之间的特殊地位。

二　士绅阶层的近代转型

在由传统向近代转变的晚清社会中，西方近代物质生产方式及西方工业文明打破了中国传统社会的封闭状态，对中国近代的政治、经济、文化及社会生活等方面产生巨大的影响。在这种千年未有的大变局中，作为地方精英阶层的士绅也无法继续坚守旧的社会秩序，他们随着时代的变迁而逐渐转型，并在近代中国新旧嬗变的社会变革中发挥作用。士绅阶层在近代社会中的转型，主要表现为以下三个方面。

第一，传统士绅向近代绅商转变。绅商是近代社会变革中形成的一个新的阶层，他们享有科举功名或因捐纳而获得职衔，同时又活跃于工商业经营管理活动中。这一阶层的形成是士绅与商人相互渗透的结果，而绅、商的双向流动经历了一个商人向士绅的渗透到士绅向商人的转变过程。

近代商业的初步发展及商人经济实力的增强，使得商人阶层为提升自己“四民之末”的社会地位而向士绅阶层靠拢，“惟经营大获，纳资得官，乃得厕于缙绅之列”[①]。然而，随着近代社会变革的深入与“重商主义”思潮在中国的影响日趋深远，士绅向商人的转变逐渐取代了商人向士绅的渗透，成为绅商力量崛起的主要途径，他们在近代金属冶炼、纺织、燃料开采等工商业领域内的活动十分活跃，如表3所示。

① 论整顿茶市[N].申报,1880-05-06(1).

表 3　近代各企业创办情形表 ①

企业类别	商办企业	投资创办人的身份				
		士绅及士绅家庭	商人	其他	不明者	买办
纺纱	17	11		1	2	3
金属采冶	10	2	2	1	5	
燃料开采	25	12	3	1	9	

汪敬虞编著的《中国近代工业史资料》还列举了 48 位工业投资者（除华侨外），对其出身及履历做了简要介绍。从中可以看出，士绅阶层在近代工业投资活动中的重要分量，如表 4 所示。

表 4　近代工业投资者示例统计表 ②

身份	官员与士绅	买办	商人	学徒、工人	总计
人数	18 人	20 人	8 人	2 人	48 人

士绅向近代商人转型，并以亦绅亦商的双重身份构成地方社会的实力集团，顺乎近代中国社会时代潮流的发展趋向。而绅商作为士绅阶层向近代中国民族资本家转化的桥梁，活跃于世纪之交的社会转型中，对推动晚清民族资本主义工商业的发展具有重要意义。

① 汪敬虞 . 中国近代工业史资料（第 2 辑下）[Z]. 北京：科学出版社，1957：870-924. 转引自王先明 . 近代绅士——一个封建阶层的历史命运 [M]. 天津：天津人民出版社，1997：68.

② 汪敬虞 . 中国近代工业史资料（第 2 辑下）[Z]. 北京：科学出版社，1957：926-991.

第二，士绅向近代知识分子转变。就在一部分士绅兴办近代企业的同时，另有一部分士绅热衷新学，向近代知识分子转变。他们以“兴学育才”、开展新式教育为己任，认为“天下之变岌岌哉，夫挽世变在人才”[①]，而近代工商业对推动晚清社会进步的功效不大，“官司劝导之无方，抑亦民智未开，而力且有所不足也”[②]。因此，兴办新式学堂、培养新式人才就成为适应时势需要的当务之急。科举制度废除后，士绅阶层在新式教育领域内的活动十分活跃，士绅兴学屡见不鲜，如昌黎县增贡生张云亭创办族立两等小学堂，太学生张一清倡立村中小学堂，贡生李梦钧于本村创办国民学校[③]……甚至有些士绅开办几十所新式学堂。与此同时，专业教育也为士绅阶层所关注，他们开办各种专门学堂，推动近代专业教育的发展。如粤籍士绅梁祖光设立农业学堂、川籍士绅张式卿创办蚕桑学堂、湘籍士绅胡元倓设立高等商业学堂等。[④]

在晚清政府兴学政策的号召下，地方官员与民间人士积极兴办新式教育，但各地学堂的发展“多苦于教员之难得”[⑤]。为此，众多新式学堂聘请士绅作为学堂教习。如河间府中学堂聘请三名附生、一名举人担任学堂教习；正定府官立中学堂聘请两名廪生、一名举人担任学堂教习。[⑥]再如，1904年，三江师范学堂正式开办，在享有科举功名的“举贡生员”中选

① 康有为．上海强学会序[A]．姜义华，张荣华编校．康有为全集（第二集）[Z]．北京：中国人民大学出版社，2007：92.

② 张謇．代拟请留各省股款振兴农工商务疏[A]．李明勋，尤世玮主编；张廷栖，陈炅，赵鹏，戴致君执行主编；《张謇全集》编纂委员会编．张謇全集：1（公文）[Z]．上海：上海辞书出版社，2012：29.

③ 陶宗奇等．昌黎县志（卷八）[Z]．民国22年铅印本：31-32,41-42,47.

④ 岑大利．乡绅[M]．北京：北京图书馆出版社，1998：226.

⑤ 樊增祥．樊山政书[M]．北京：中华书局，2007：468.

⑥ 直隶全省中学堂简明表[A]．李桂林，戚名琇，钱曼倩．中国近代教育史资料汇编·普通教育[Z]．上海：上海教育出版社，1995：310-311.

拔德才兼备之士50人，担任修身、历史、伦理学等课程教习。[①] 士绅阶层在近代新式学堂中担任教习，推动了新思想与新知识的传播。

第三，士绅向自由职业者转型。19世纪末20世纪初，西方物质生产方式及西方新思想、新文化打破地域、民族的界限，在中国得到广泛传播与发展，几千年来固有的传统社会秩序及生活方式在此冲击下发生显著变化。在时代急剧变迁的背景下，近代社会自由职业应运而生并得到迅速发展，士绅阶层也广泛参与其中。如重庆秀才杨庶堪1903年4月创办《广益丛报》宣传革命思想，并与另一名秀才胡湘帆共同负责报刊的编辑工作。[②] 再如江西永新士绅龙钟洢1907年5月创办并担任主编的《江西农报》，是中国最早、最具地方特色的农业学术期刊，“以研究农业学术，发达全省农业为目的”[③]。王先明先生统计了相关资料，很好地反映了士绅从事报刊编辑工作的情况，见表5。

表5　士绅从事编辑职业情形表[④]

姓名	出身	职业	姓名	出身	职业
廉惠卿		文明编译局编辑	韩衍	生员	《通俗报》编辑
于仲芳		《黔报》编辑	朱山	生员	报馆主笔
蒋大同	生员	《长春日报》编辑	程善之	生员	《中华民报》主笔
刘博存		《选报》主笔	叶楚伧	生员	《中华民报》主笔
于右任	举人	《神州日报》社主笔	李基鸿	生员	《汉文新报》编辑
吴伟康	生员	报馆编辑	景耀月	举人	《民呼报》主笔
田桐	生员	《国风日报》编辑	李庆芳	生员	《教育官报》主笔

① 岑大利．乡绅[M].北京：北京图书馆出版社，1998：226.

② 广益丛报[N].大公报（天津）,1903-04-25（3）.

③ 姚远,王睿,姚树峰等主编.中国近代科技期刊源流(1792—1949)(中册)[M].济南:山东教育出版社,2008：398.

④ 王先明．近代中国绅士阶层的分化[J].社会科学战线，1987（3）：167.

（续表）

姓名	出身	职业	姓名	出身	职业
雷昭性	生员	《鹃声报》编辑	吴鼒	生员	《国风日报》主笔
时题杏	生员	《晨钟报》编辑	李钟钰	举人	《字林沪报》编辑
蒋衍生	生员	《悬钟周刊》编辑	刘镇	生员	《西南日报》编辑
马方	贡生	《皖报》主笔	张明德	生员	《西南日报》主笔
狄楚青	举人	《时报》主笔	刘绵训	进士	《晋阳报》主笔
陈训正	举人	《天铎报》主笔	胡汉民	举人	《岭海报》记者
黄某	举人	《夏洪日报》编辑	黄协埙	生员	《申报》主笔
汤化龙	进士	《教育杂志》主编	蒋方震	生员	《浙江潮》主笔
丁仲和	生员	编辑	居励今	生员	《铁道时报》主编
杜孟兼	举人	文明编译印书局	张某	举人	《北洋学报》主编
王元庆		《农务报》编辑	胡湘帆	生员	《广益丛报》编辑
万芳卿		《农务报》编辑	杨沧白	生员	《广益丛报》编辑
陈范	举人	《苏报》总编	范腾霄	生员	《海军杂志》编辑
莫伯伊	拔贡	《羊城报》主编	钟荣光	举人	《博闻报》编辑
曾熙寿	举人	《国民日报》编辑	龙钟洢		《江西农报》主编
杨度	举人	《大同中央日报》编辑	李云藻	生员	《进化报》编辑
李某	举人	《汇报》主编	熊育锡	生员	广智书局编辑

从表5所列可以看出，在48名编辑或主笔或主编中，具有生员身份者24人，举人身份者14人，贡生或拔贡身份者2人，进士身份者2人，其他不明身份者6人。生员和举人在总数中所占的比例最大，说明这两种身份的人从事这一职业的最多。可见，士绅作为中国地方社会的精英阶层，敏锐地察觉到近代社会变革带来的从业变化。他们顺应时代的潮流，舍弃科举功名的虚饰转而追求自由职业之实利，成为各种报刊、书局的编辑及新闻记者等。

上述三个方面的内容并不能涵盖士绅阶层在近代社会中转型的全部内容，但从中仍可以了解其在近代中国社会变革中的角色与作用。士绅阶层的转型，是中国近代社会变革中极具时代特色的一幕话剧，其中包含的政治、经济、文化的诸多内容，鲜活生动地呈现了近代社会变迁的历史进程与时代特征。

第二节

晚清士绅投身新式教育活动的动因

晚清政府在内外交困的情况下开展教育变革，得到了地方士绅的广泛支持。这一阶层受“西学东渐”、兴学政策及科举制度废除的影响，积极开展新式教育活动，活跃于新旧时代交替的晚清社会。

一　“西学东渐”推动士绅对待新学态度的转变

“西学东渐”是指欧洲的文化、自然科学及先进技术逐渐渗透到中国并得到广泛传播，这一历史进程对中国的传统教育造成了巨大冲击，对士绅阶层对待旧学及新学的态度产生了重要影响。

明朝末期，来华传教士在传教的同时，顺带介绍近代西方科学技术与文化思想，但这种交流与互动仅限于上层士大夫，对中国社会的其他阶层影响不大。晚清鸦片战争后，西方物质文明生产方式和思想文化伴随着列强的坚船利炮再次传入中国，中西两种截然不同的文明发生激烈碰撞。而此时的晚清社会危机四伏，社会矛盾日益尖锐。面对外敌入侵、山河破碎的残酷现实，具有爱国思想的士绅阶层逐渐醒悟，他们破除闭关锁国的封闭心态，以经世致用的思想精神为要旨，宣传西方思想与文化，力求改变现状，以达到救亡图存、挽救民族危机的目的。

在众多官员和有识之士如林则徐、魏源、李鸿章、张之洞、郑观应、康有为、梁启超等人的努力下，西方思想文化在中国得以广泛传播，“西学东渐”的程度逐渐加深。从鸦片战争后林则徐、魏源等人倡导的“师夷长技以制夷”，到洋务运动时期的“中体西用”，再到维新派主张的“改良主义”，西方思想文化对中国的影响越来越深，催生了中国近代新思想、新文化的启蒙与发展。与此同时，中国先进知识分子开始对传统教育进行反思，积极宣传西方的文化教育制度。他们主张发展近代新式教育、培养新型人才，如此推动了近代各种教育思潮如洋务教育思潮、改良主义教育思潮在中国不断传播与发展，为晚清的近代教育改革奠定了坚实的思想基础。

“西学东渐”及近代教育思潮对传统教育造成巨大冲击，在士绅阶层中表现为这一阶层逐渐由旧学转向新学。许多享有科举功名的饱学之士在“西学”与“中学”的互动、交融过程中，对新学的态度经历了盲目排斥、初步认同及整体接受三个阶段。

在最初的盲目排斥阶段（1840—1860），由于中西文化的异质特性，传统乡村社会的控制主体，即士绅阶层对西方文明的早期传播者——传教士在中国的传教活动采取抵制态度。在中国 19 世纪的历次反教运动中，几乎都有士绅阶层的参与及策划，“士绅和民众扮演着反教主体的角色”[①]。他们通过撰写书文揭帖等行动，向民众宣传反教思想，并开展反教斗争。同时，主导传统教育的士绅阶层对教会教育采取极端排斥态度，将教会学校所教授的近代工商业、机械制造等实用知识及技能视为“奇淫巧技”，致使教会学校在中国的发展举步维艰。

在初步认同阶段（1860—1895），西方列强对中国的侵略进一步加深

---

① 孙江．十字架与龙 [M]. 杭州：浙江人民出版社，1990：135.

民族危机，开明士绅开始反思晚清社会的现状，他们对待新学的态度出现了微妙的变化。一部分开明士绅逐渐接受新式教育，开始将子弟送进新式学堂学习实用知识。如早期的洋务学堂，招收的学生除八旗子弟外，大都来自士绅家庭。晚清船政大臣沈葆桢在福州主持创办的福建船政学堂，于同治六年（1867）招收100余名14虚岁以下的学生，其中大多来自没落的地方士绅家庭。[①] 虽然只有传统士绅阶层中的少数士绅子弟能进入早期新式学堂学习，但对新式教育在晚清社会的发展起了重要作用。

在整体接受阶段（1895—1911），随着“西学东渐”程度的持续加深，接受西方思想文化的士绅队伍日益壮大。一方面，众多开明士绅逐渐认识到新学的可取之处，不再满足于接受传统教育，希望进入新式学堂中学习新学。据相关资料研究表明，自晚清以来，尤其是1905年科举制度废除以后，士绅阶层中有五分之一左右（近30万人）进入新式学堂接受不同程度的近代新式教育。[②] 如湖北自强学堂于光绪二十五年（1899）招收的75名学生中，有湖南、湖北、山东、江苏、福建等省生员共32人，尤其是各科新班招收的23名学生，全部是生员出身。[③] 另一方面，大量士绅捐资助学、创办新式学堂，掀起晚清民间兴学的热潮。据《东方杂志》所记载，光绪三十年至三十四年（1904—1908）各地捐资兴学的绅富500余人，共兴建781所新式学堂。[④] 如直隶天津县王秦庄士绅曹铁林，因父亲广东水师提督曹克忠功绩而享有恩荫，成为异途士绅。他继承父亲未竟之志，

---

① ［美］费正清．剑桥中国晚清史（上卷）[M]．北京：中国社会科学出版社，1985：573．

② 贺跃夫．晚清士绅与近代社会变迁——兼与日本士族比较 [M]．广州：广东人民出版社，1994：92．

③ 苏云峰．张之洞与湖北教育改革 [M]．台北：近代史研究所，1983：323-325．

④ 罗小琼．晚清“士绅”推动下的兴学热潮 [A]．纪念《教育史研究》创刊二十周年论文集（3）——中国教育制度史研究 [C]．北京：中国地方教育史志研究会、《教育史研究》编辑部出版，2009：224．

胸怀为国为民的可敬之志，将位于天津县之家祠房舍十二间，价值千金，改为学堂，以重教务而育人才，发展家乡的新式教育事业。①

晚清直隶省在近代西方文化思想和教育思潮的传播与推广中，走在了全国的前列。在“西学东渐”与近代教育思潮兴起的时代背景下，晚清直隶省的传统教育受到了巨大冲击，该省的开明士绅在“西学东渐”的影响下逐渐由传统的“旧学”转向西方“新学”，并通过各种方式宣传新教育思想、开展新式教育实践，推动了晚清直隶教育早期现代化的历史进程。

二　清政府兴学政策的推动

随着“西学东渐”进程的加快与近代教育思潮的广泛传播，清政府意识到传统教育亟须改进，以适应时代发展与培养新式人才的需求。为此，晚清政府颁布多项兴学政策，以推动清末新式教育的发展。这些兴学政策对士绅阶层产生了重要影响，直接提升了这一阶层的兴学热情，成为士绅开展新式教育活动的重要推动力。

面对日益严重的社会危机，清政府决心改革，以挽救困局。在教育领域，颁布、施行新教育政策，改革传统教育，以培养“文行交修、博通时务、讲求实学”②的新式人才。为此，清廷颁布兴学政策，将传统书院改为新式学堂，以推动清末教育改革的进程。戊戌变法时期，清政府设立京师大学堂，并于光绪二十四年五月二十二日（1898年7月10日）颁布诏书，明确规定将各府州县的传统书院改为兼习中学与西学的学堂。随后，清廷

① 天津县详报荫生曹铁林报效王秦庄家祠改作学堂价值千金以上照例奏奖请建坊文并批[J].直隶教育杂志，1906（10）:2–3.

② 光绪二十七年八月初二日谕各省、府、直隶州及各州、县分别将书院改设大、中、小学堂[A].璩鑫圭，唐良炎.中国近代教育史资料汇编·学制演变[Z].上海：上海教育出版社，1991：6.

为革除旧学“空疏无用、浮薄不实”的弊病，于光绪二十七年（1901）再次颁布诏令，要求“各省所有书院，于省城均改设大学堂，各府及直隶州均改设中学堂，各州、县均改设小学堂，并多设蒙养学堂”①。

乙未，谕：人才为政事之本。作育人才，端在修明学术。历代以来，学校之隆，皆以躬行道艺为重，故其时体用兼备，人才众多。近日士子，或空疏无用，或浮薄不实，如欲革除此弊，自非敬教劝学，无由感发兴起。除京师已设大学堂应行切实整顿外，着各省所有书院，于省城均改设大学堂，各府及直隶州均改设中学堂，各州、县均改设小学堂，并多设蒙养学堂。其教法当以“四书”“五经”纲常大义为主，以历代史鉴及中外政治、艺学为辅，务使心术纯正，文行交修，博通时务，讲求实学，庶几植基立本，成德达材，用副朕图治作人之至意。着各该督抚、学政，切实通饬，认真兴办。所有礼延师长，妥定教规，及学生毕业，应如何选举鼓励，一切详细章程，着政务处咨行各省悉心酌议，会同礼部复核具奏。将此通谕知之。②

在清廷兴学政策的号召下，各地纷纷改良书院、试办学堂，以探索新式教育的发展之路。如江苏巡抚聂缉椝积极响应清廷兴学政策的号召，将省内各书院改为学堂，他在光绪二十七年十二月（1902年1月）的奏章中对该省的试办学堂情形做了详细介绍：中西学堂扩充为苏州省城大学

① 光绪二十七年八月初二日谕各省、府、直隶州及各州、县分别将书院改设大、中、小学堂[A].璩鑫圭，唐良炎.中国近代教育史资料汇编·学制演变[Z].上海：上海教育出版社，1991：5-6.

② 光绪二十七年八月初二日谕各省、府、直隶州及各州、县分别将书院改设大、中、小学堂[A].璩鑫圭，唐良炎.中国近代教育史资料汇编·学制演变[Z].上海：上海教育出版社，1991：5-6.

堂，“广拓斋舍，多招生徒，以一百人为额”，“购置各种图书、仪器，添课德文、俄文”；省城正谊书院改为苏州府中学堂，聘请中西教师若干，招收四十名学生，教授普通学；平江书院改为长洲、元和、吴县小学堂，选聘中国及西方教师，招收四十名学生，教授浅显初级之学。[①]

随着各地试办学堂取得初步成效，清政府全面实施新式教育改革，制定新学制，于光绪二十八年七月十二日（1902 年 8 月 15 日）和光绪二十九年十一月二十六日（1904 年 1 月 13 日）先后颁布《钦定学堂章程》和《奏定学堂章程》，在全国范围内兴办新式学堂，发展新式教育。

然而，晚清政府在列强的侵略、剥削的强势冲击下，财力匮乏，对兴办新式学堂的财政投入无法满足当时的客观需要，只得制定各种政策鼓励民间兴学。早在光绪二十四年（1898），清廷就颁布诏书鼓励民间兴学，“各省绅民如能捐建学堂或广为劝募，准各督抚按照筹捐数目酌量奏请给奖，其有独立措捐巨款者，朕必予以破格之赏”[②]。随后，清廷颁布“癸卯学制”，规定各地政府兴办新式学堂、发展新式教育的同时，鼓励民间力量捐资助学，以弥补官办学堂的不足。《奏定初等小学堂章程》对奖励民间兴学做了明确规定：地方绅董若能够捐献公立、私立学堂经费或者为学堂创办出力者，由地方官员给予红花或者匾额的奖励；其中，各地方督抚对捐设的学堂规模较大者，赐予匾额；独自一人捐献学堂经费较多者，则由督抚奏明朝廷，给予相关奖励。[③] 至光绪三十三年（1907），清政府制定了奖励民间兴学的具体规则，如规定士绅有兴办初等小学堂 10 所、教育学生 500 人以上者，即委派为绅士长，享有绅士一切权益；兴办 20 所以

① 江苏巡抚聂缉椝：遵改书院为学堂疏[A]. 璩鑫圭，唐良炎 . 中国近代教育史资料汇编·学制演变[Z]. 上海：上海教育出版社，1991：61.

② 朱寿朋 . 光绪朝东华录（第 4 册）[Z]. 北京：中华书局，1958：4126.

③ 奏定初等小学堂章程[A]. 璩鑫圭，唐良炎 . 中国近代教育史资料汇编·学制演变[Z]. 上海：上海教育出版社，1991：293.

上者，奏请朝廷奖励“乐善好施”匾。①

在清政府兴学政策的推动下，各地士绅纷纷捐资出力发展新式学堂，并得到相应的奖励。例如，浙江省城杭州府绅士候选郎中胡焕，并集家资独力创办安定学堂一所，“捐洋六万圆，合银四万余两，存典生息以充经费”②。该绅深明大义、急公可嘉，创办安定学堂意在振兴、栽培后进，不敢邀功。经浙江巡抚奏请，准予为其建坊旌表，给予“乐善好施”字样。③

作为清末教育变革的先驱，直隶省亦制定了诸多政策以鼓励民间兴学。直隶总督袁世凯认为“兴学，诚我全国四万万人切身之要图，至急之先务矣”，“绅富首当出资倡导，贫寒亦当协力合谋”。④为此，他除遵旨严饬府、厅、州、县各官，认真劝办学务外，还发布兴学告示，鼓励民间兴学。

督宪袁兴学告示

光绪三十一年九月

为恭录晓谕事。照得本年八月初四日钦奉上谕:“袁世凯等奏请‘停立科举，以广学校妥筹办法’一折。三代以前选士，皆由学校而得人极盛，实我中国兴贤育才之隆轨；即东西洋各国富强之效，并无不本于学堂。方今时局多艰，储才为急，朝廷以近日科举每习空文，屡降明诏，饬令各省督抚广设学堂。将俾全国之人咸趋实学以备任使，用意至为深厚。前因管学大臣等议奏，已准将乡会试中额分三科递减。

① 议定强迫教育办法十款 [N]. 中国日报,1907-04-03，转引自田正平，陈胜编著 . 中国教育早期现代化问题研究：以清末民初乡村教育冲突考察为中心 [M]. 杭州：浙江教育出版社，2009：39.

② 浙抚聂奏请旌表捐资立学之绅士 [N]. 大公报（天津），1903-04-25（5）.

③ 浙抚聂奏请旌表捐资立学之绅士 [N]. 大公报（天津），1903-04-25（5）.

④ 督宪袁兴学告示 [J]. 教育杂志（天津），1905（14）：8.

兹据该督等奏称“科举不停，民间相率观望，推广学堂必先停科举”等语，所陈不为无见。即自丙午科为始，所有乡会试一律停止，各省岁科考试亦即停止。其以前之举贡生员，分别量予出路，及其余各条，均著照所请办理。总之，学堂本古学校之制，其奖励出身又与科学无异。历次定章，原以修身、读经为本，各门科学又皆切于实用，是在官绅申明宗旨，闻风兴起，多建学堂，普及教育，国家既获树人之益，即地方亦与有光荣。经此次谕旨，著学务大臣迅速颁发各种教科书，以定指归而宏造就，并著责成各该督抚实力通筹。严饬府、厅，州、县，赶紧于城乡各处遍设蒙小学堂，慎选师资，广开民智。其认真举办，随时考察，不得敷衍瞻徇，致滋流弊。务期进德修业，体用兼赅，共副朝廷劝学作人之至意。钦此。”

皇太后、皇上因时制宜，励精图治，重视学务，锐意振兴，将以广育人才，普开民智以降，作君作师之义，握万理万化之原。凡我臣民，遭际圣明，逢兹旷举，宜如何欢迎鼓舞，实力奉行。考中国三代以上，家有塾，党有庠，乡有校，术有序，国有学，无一人不被教泽，无一处不有学堂。近世东西洋文明各邦，类皆学校林立，几于遍国皆是。凡民及七八岁，谓之学龄，有不学者，罪其家长，故不独士子有学，即为农、为工、为商、为兵、为医，一切执业之人，以及妇人女子，聋盲瘖哑，无不有学。人人以不学为耻，亦人人以兴学为心，不学者鄙为无教化之野蠢，兴学者视为尽国民之义务。是以学风日盛，与我三代同体。今我中国，积弱积贫，弱则不能与人争强，贫则不能与人竞富。然所以不强不富者，无非由于不智，所以不智者无非由于不学。即其号为学者，不过徒习空文，不讲实用，以致学非所学，相形见绌。果使人人皆有实学，何患不智？亦既人人皆智，又何患不富不强耶？况现在恭奉诏书，停止科举。国家舍学堂无以取士，士子舍学堂无以进身，农、工、商、兵、医，一切执业之人，舍学堂无以受普及之教育，无以裕普通之智能，无以养成国民之资格。居今日而言兴学，诚我全国四万万人切身之要图，至急之先务矣。除遵旨严饬府、厅、州、县各官，赶紧认真劝办外，为此谕，仰尔绅民人等，一体知悉。须知建立学堂，本系地方公益，东西各国皆由民间集资兴办，公家但为提倡、补助。即中国从前家塾延师课读，亦孰不由于自费？自示之后，无论城乡村镇均须公同设法，广立蒙小学堂，循级递进，多多益善。绅富首当出资倡导，贫寒亦当协力合谋。子弟以入学为立身之基，父老以兴学为应尽之责。其有捐助巨款、独立创办者，照章优奖。倘有顽固不化，把持阻挠者，查明严惩。总期无负圣主孜孜求治之至意，幸毋负本部堂谆谆告诫之苦心。示到凛遵，切切，特示！[①]

此外，直隶总督袁世凯更是身体力行，积极响应清政府的民间兴学政策。为解决直隶省学堂经费筹措困难的问题，袁世凯个人捐款两万两，以推动直隶私人捐资助学，同时奏请朝廷为捐助学堂经费者予以奖励。与此同时，直隶各属纷纷颁布兴学政策，排除阻力，鼓励绅民兴办学堂、发展新式教育。保定清苑县在光绪三十一年（1905）通过颁布兴学示谕解决初等小学发展滞后问题，鼓励全县兴学以发展新式教育。清末兴学以来，该县高等中学、高等小学逐步设立并取得一定成果，但初等小学设立寥寥。查其原因有三：一是农耕子弟不求上进，对兴学之事不关心；二是连年遭遇战乱，财产损失严重，筹款兴学力不能及；三是习惯于、受限于旧有认识，认新学堂为洋学。为此，清苑县除鼓励绅富集资兴学外，还将各村公产充作学堂经费，并为捐款数额大、独立建设学堂者请奏奖励。同时，对把持公产、阻碍学堂发展者给予严厉处罚。该县兴学示谕详文如下：

① 督宪袁兴学告示[J].教育杂志（天津），1905（14）：7-8.

清苑县罗兴学示谕

光绪三十一年四月

为剀切劝谕事。照得人为万物之灵，学乃成人之本。古者，人生八岁入小学，家有塾，党有庠，学校之设既广，施教之术綦详。必无地无学，无人不学，而后民智日启，国势日强。此固古今中外之通理，而地方第一要政也。迭奉列宪转颁，明诏广设学堂，所有高等中学暨高等小学业经次第设立，而城乡村镇报设初等小学者，尚属寥寥。查初等小学资养，正于童蒙，实教育之基础，亟宜首先筹设，岂可相率稽延？清苑为首善之区，通绅达士当不乏人。综计三百五十七村，凡在父兄谁无子弟？果忍令不学，而安椎鲁放为弃材乎？抑甚愿其受学而濬聪明，以期有用耶？一念及此，小学之当设与否，应决计以从事矣！本县莅任以来，考查此项学堂所以迟久未立者，一则以久习耕种子弟，不求上进，谓兴学之事不切于己也；一则以兵燹之余元气未复，筹款力有未逮也；一则狃于积习，不加考察，一闻设立学堂，即目为洋学也。不知智识为生业之本，无论为农，为工、为商，其智识愈短者，则生计愈艰，而凡人智识之短，必由于无学，如种树然，已具萌芽而无雨露之灌溉，即难生活：人之于学，犹树之于灌溉也，树不灌溉，难以成林；人不修学，何由自立？安在其不切于己也？若以筹款力薄为虑，须知学之与人，相需不减于衣食，而实衣食之源也。人不能因力薄而废衣食，亦安可因力薄而不入学？况目前以力薄而不学，异日子弟长大终不成材，则财力永无充裕之一日，其得失何烦再计？亟目学堂为洋学，尤为误会。从前蒙学课读，所在皆有；今改立学堂，不过增设学科，讲求教法，以期有切实用。试阅《奏定章程》，小学课程如“修身”“读经”“识字”“习算”“地理”“历史”“体操”等，何一非我国古圣贤相传之道？安在其为洋学乎？况外洋各国，皆以有学而致富强，皆尔等所常闻见，岂尚可不自奋兴，而以无学甘于贫弱也？本县父母斯民利害关切，为此示，仰城乡绅民人等一体遵照。须知劝设学堂，即古人家塾党庠遗意，非官吏奉行之具文，乃尔等保国身家之至计：非一人独享之私利，乃合村成全子弟之公益。

自示之后，此项初等小学堂，各按村庄大小酌量设立，限端节以前来县呈报，请领章程。

除由绅富量力集资外，凡村中公共产业及赛会迎神，如“吉祥会”之类，皆可化无益为有用，拨充学堂经费。其有倡捐巨款，独立建设学堂者，本县当详请大宪，专案奏奖。倘有无知愚民，借端阻挠、把持，有碍公益，本县定即从严究办，决不宽贷。总期家喻户晓，以无地无学，无人不学为指归。事关教育，期望至殷，慎勿视为寻常文告。切切，特示！①

在直隶各属兴学政策的引导和推动下，“衿富绅民闻风兴起”②，纷纷捐资助学，形成了“直隶各属好义绅民捐资设学，见于奏章公牍者，月有所闻”③的民间兴学热潮。晚清直隶各地因办学出力及捐助学堂经费获奖者众多，其中不乏有科举功名（或学衔）的士绅阶层。《直隶教育杂志》1907年第8、9、10期及1908年第8期分别刊登了《直隶各属办学出力及捐助学堂经费人员奖励统计表》（详见附录1），对晚清直隶省各地因办学出力及捐助学堂经费而受奖励的人员做了详细统计。通过该表可知，捐献学堂经费及办学出力士绅中有举人8人、附生32人、监生26人、贡生

① 清苑县罗兴学示谕[J].教育杂志（天津），1905（7）：19-20.

② 天津图书馆，天津社会科学院历史研究所编.袁世凯奏议（中）[Z].天津：天津古籍出版社，1987：909.

③ 督宪袁饬学务处妥议各学生公费自费章程折[A].甘厚慈.北洋公牍类纂（卷十）[Z].北京：京城益森印刷有限公司，1907：13.

19人、岁贡2人、附贡6人、廪生14人、文生20人。这只是统计表中有姓名和有科举功名（或学衔）的士绅，还有众多有绅士、绅董、有职衔而不居官位的士绅，以及民人、商人和未标明身份者都积极参与直隶省新式学堂的兴办。总之，直隶士绅在兴学政策的号召下，通过捐资出力等途径积极支持直隶学堂的兴办，是直隶民间兴学的主要力量，在晚清直隶省教育早期现代化的发展历程中做出了重要贡献。

三　废除科举制度后，士绅谋求自身地位的需要

在19世纪末20世纪初的教育改革中，清政府在颁布兴学政策、倡导各地创办新式学堂的同时，逐渐改革科举制度直至最终将其废除，以改善传统教育空疏无用、浮薄不实的弊端，培养实际有用的新型人才。而科举制度的废除对传统士绅产生了重要影响，成为这一阶层开展新式教育活动，进而推动直隶教育早期现代化的重要动因。

在西方列强的“坚船利炮”及西方文化思想的冲击下，中国士绅阶层开始觉醒，他们开始反思中国传统取士制度，力图改革科举，以挽救困局。道光二十一年（1841），两广总督祁贡向清廷上书《请推广文武科试疏》，建议变革科举考试选拔制度，提出将制器通算等实用知识列入科举考试的考查范围，拉开了改革科举制度的序幕。戊戌变法时期，在开明人士严修、康有为、梁启超、张之洞等人的积极倡导下，清政府开设经济特科，废除八股取士以改革科举制度，选拔有真才实学的人才，从而改变社会风气。直至清末新政期间，科举制度逐渐被废除。光绪二十九年二月（1903年3月）直隶总督袁世凯与两湖总督张之洞联名上奏清廷，请求递减科举。袁

世凯与张之洞认为，“国无强弱，得人则兴，时无安危，有才斯理”[①]。人才必出自学校，为国储才需发展教育，尤其是要兴建学校。高等教育为国家之责任，普通教育则由士民任之，而科举与学校共存导致学校有名无实，也使绅民不肯倡建学堂。为此，需分科递减科举以推动学校发展。

> 中国今日贫弱极矣，大难迭乘，外侮日逼，振兴奋发，正在此时。然而诸务未遑，求才为亟；无人才则救贫救弱，徒属空谈，有人才则图富图强，易于反掌。进言者皆曰天下非无人才也，求之于临时，则不见其多；储之于平日，则不患其少。储之维何，学校是已。……其患之深切著明，足以为学校之的而阻碍之者，实莫甚于科举。盖学校所以培才，科举所以抡才；使科举与学校一贯，则学校将不劝自兴；使学校与科举分途，则学校终有名无实。何者？利禄之途，众所争趋；繁重之业，人所畏阻。学校之成期有定，必累年而后成材；科举之诡弊相仍，可侥幸而期获售。虽废去八股试帖，改试策论经义，然文字终凭一日之长，空言究非实诣可比。
>
> 大抵高等教育之责，国家任之，普通教育之责，士民任之，惟其众擎，是以易举。中国非无忧时之人也，而绅民不闻倡建学堂者，亦以群情注重科举，父兄以是勖子弟，乡党以是望侪偶，但使荣途不失，何暇远虑深谋。故不独不肯倡建学堂，且并向来宾兴、公车等费，亦不能移作学堂之用，其为阻碍何可胜言！是科举一日不废，即学校一日不能大兴，将士子永远无实在之学问，国家永远无救时之人才，中国永远不能进于富强，即永远不能争衡于各国，臣等诚私心痛之。[②]

---

① 袁世凯、张之洞．奏请递减科举折 [A]. 璩鑫圭，唐良炎．中国近代教育史资料汇编・学制演变 [Z]. 上海：上海教育出版社，1991：523.

② 袁世凯、张之洞．奏请递减科举折 [A]. 璩鑫圭，唐良炎．中国近代教育史资料汇编・学制演变 [Z]. 上海：上海教育出版社，1991：523-525.

光绪三十一年八月（1905年9月），袁世凯联合赵尔巽、张之洞再次上奏清廷，请求立停科举。他们在《会奏立停科举推广学校折》中再次强调了科举制度与新式学堂的阻碍，认为科举不停，士人便会存在侥幸得取功名之心，民间力量也会相率观望，对兴建学堂之事难以上心。学校不能得到推广，民智无法大开，阻碍了社会的发展与进步。想要挽救艰难时局，必须从推广学校入手，而推广学校必从停科举开始。

> 窃惟科举之弊，古今人言之綦详；而科举之阻碍学堂，妨误人才，臣世凯、臣之洞等亦迭经奏陈，久在圣明照鉴之中，无烦缕述，以渎宸听。是以前奉谕旨，递减科举中额，期以三科减尽；十年之后，取士概归学堂，固已明示天下以作新之基，而徐俟夫时机之至。所以为兴学培才计者，用意至为深远。臣等默观大局，熟察时趋，觉现在危迫情形，更甚月曩日，竭力振作，实同一刻千金；而科举一日不停，士人皆有侥幸得第之心，以分其砥砺实修之志。民间更相率观望，私立学堂者绝少，又断非公家财力所能普及，学堂决无大兴之望。就目前而论，纵使科举立停，学堂遍设，亦必须十数年后人才始盛。如再迟至十年甫停科举，学堂有迁延之势，人才非急切可成，又必须二十余年后，始得多士之用。[①]
>
> 兵农工商，各完其义务而分任其事业；妇人孺子，亦不使逸处而兴教于家庭。无地无学，无人不学，以此致富奚不富，以此图强奚不强？故不独普之胜法，日之胜俄，识者皆归其功于小学校教师；即其他文明之邦，强盛之源，亦孰不基于学校。而我国独相形见绌者，则以科举不停，学校不广，士心既莫能坚定，民智复无由大开，求其进

① 袁世凯，赵尔巽，张之洞等．会奏立停科举推广学校折暨上谕立停科举推广学校[A]．璩鑫圭，唐良炎．中国近代教育史资料汇编·学制演变[Z]．上海：上海教育出版社，1991：530.

化日新也难矣。故欲补救时艰，必自推广学校始；而欲推广学校，必自先停科举始。拟请宸衷独断，雷厉风行，立沛纶音，停罢科举；庶几广学育才，化民成俗，内定国势，外服强邻，转危为安，胥基于此。虽然，科举停矣，尚有切要之办法数端，而学堂乃可相维于不敝。[①]

至此，全国要求废除科举制度的呼声一浪高过一浪。清政府迫于形势，于光绪三十一年八月初四（1905 年 9 月 2 日）下令停止科举考试，“自丙午科为始，所有乡会试一律停止，各省岁科考试亦即停止”[②]。科举制度是中国封建社会选拔国家人才的重要方式，这一传统考试制度的废除中断了传统士绅的产生机制，使其失去了依靠科举入仕为官的途径。然而，科举制度废除之后，全国尚有数万名举贡和数十万生员，无法通过旧有的选拔考试制度入仕为官，他们不得不寻找新的出路，以巩固其在近代社会中的地位与权益。而教育作为文化资本的重要因素，在中国传统社会中向来都是士绅阶层享有的特权。科举制度废除后，传统士绅为巩固其在教育领域的地位与特权，纷纷涌向新式教育活动，占有新的文化资本，从而在晚清近代社会变革中占据新的社会地位与权益。

在近代教育变革潮流的影响下，大批的举贡生员进入新式学堂接受新式教育。据统计，晚清湖北省的 48 000 余名士绅中，至少有 2 万余人接受新式教育。[③] 直隶省的情况同样如此，作为在近代教育变革中十分活

① 袁世凯，赵尔巽，张之洞等．会奏立停科举推广学校折暨上谕立停科举推广学校[A]. 璩鑫圭，唐良炎．中国近代教育史资料汇编·学制演变 [Z]. 上海：上海教育出版社，1991：530-531.

② 袁世凯，赵尔巽，张之洞等．会奏立停科举推广学校折暨上谕立停科举推广学校[A]. 璩鑫圭，唐良炎．中国近代教育史资料汇编·学制演变 [Z]. 上海：上海教育出版社，1991：533.

③ 苏云峰．中国现代化的区域研究——湖北省 1860—1916[M]. 台北：近代史研究所，2015：466-467.

跃的省份之一，直隶省开设了大量新式学堂，其招收的学生中享有科举功名的士绅阶层占据了很大的一部分。直隶总督袁世凯于光绪二十八年（1902）的一份奏折中明确表示直隶师范学堂招收各州、县“通晓经史、文理明畅、品行端方、体质强健”的举、贡、生员入学，聘请中日教习，讲授学习西学。[①]

> 窃惟育才莫先于兴学，兴学莫重于得师，如师道不讲，学术即不免分歧，人才将因以败坏，此各国师范学堂之设所以为意美法良也。中国士子向囿于章句帖括之习，于各种新学多未讲求，自难膺教习之选。各州、县现虽筹办学堂，而教习无人，课程无定，名为设学，实仍虚应故事，造就师范诚为刻不容缓。但风气初辟，成材綦难，若必俟先通西文，再习西学，未免旷日持久，缓不济急。臣现拟于保定省会建造师范学堂一区，考选各州、县举、贡、生员作为学生，先取日本译成西学普通各书，转译中文，颁发肄习，俾其易于通晓，易于成效。其教习等亦可中日参用。并因各处急需教习，拟先通融办法，于堂中分设四斋：一斋半年毕业，二斋一年，三斋二年，四斋三年。其半年毕业考取领凭者，即可先行派往各处小学堂充当教习一年，再由各斋毕业生依次轮往，各接充教习一年。盖入手之初，功课较简，又学为人师者皆系举、贡、生员，于中学已略具根底，故其毕业也虽以半年为限，而其教人也亦可一年为期。此自为急于造就师资起见，俟各处教习敷用，仍概定为三年毕业，以归划一。除俟师范学堂造成即行开办外，谨先拟订师范学堂暨小学堂两项暂行章程，分缮清单，祇

① 直隶总督袁世凯奏办师范学堂暨小学堂折[A]. 璩鑫圭，唐良炎 . 中国近代教育史资料汇编 · 学制演变[Z]. 上海：上海教育出版社，1991：74，78.

呈御览。理合恭折具陈，伏乞皇太后、皇上圣鉴训示。谨奏[①]

考选学生宜慎于始，先饬各州、县于投考之举贡生员中，选其通晓经史、文理明畅、品行端方、体质强健者，照派定额数加两倍录取，给资送由本管府厅直隶州复考，汰其三分之一，候调送省再考，又汰其半，选留如额，择期入学。所有各府、厅、州、县资送费用，均由学校司发还。学生年岁，限二十岁以上三十二岁以下。县试之前，由其家属出具甘结，公正绅衿加具保状，赴官报名，所具甘结、保状，随文申送。[②]

传统士绅进入新式学堂学习，成为既享有“旧功名”又兼有“新学历”的双重身份者。由此而论，在晚清近代教育变革的历史潮流中，新式学堂为传统士绅谋求新的社会地位提供了基本渠道。这一阶层以新式学堂为中介，学习近代社会变革所急需的政治、经济、教育、法律等文化知识，以及纺织、冶炼、化工、机械制造等专业技能，从而流向近代社会的各个领域，谋求新的社会地位及权益。其中，新式教育领域是科举制度废除后士绅阶层的重要流向之一。众多具有“旧功名”与“新学历”双重身份的士绅在新式学堂中任职监督与教习，负责学堂的日常管理与教学，继续保持这一阶层在教育领域内的地位与特权。宣统二年（1910）对冀州、大名、深州三地官立中学堂职员的统计如实地反映了上述情况，详见表6。

① 直隶总督袁世凯奏办师范学堂暨小学堂折[A]. 璩鑫圭，唐良炎．中国近代教育史资料汇编·学制演变[Z]. 上海：上海教育出版社，1991：74.

② 直隶总督袁世凯奏办师范学堂暨小学堂折[A]. 璩鑫圭，唐良炎．中国近代教育史资料汇编·学制演变[Z]. 上海：上海教育出版社，1991：78.

表 6　冀州、大名、深州三地官立中学堂职员表[1]

名称	地址	设立年月	职员		教员	
			职名	履历	职名	履历
冀州官立中学堂	城内书院旧址	光绪二十八年十月	监督 李广德	武邑拔贡	胡庭麟	廪生
冀州官立中学堂	城内书院旧址	光绪二十八年十月	监学 张锡山	廪生 师范毕业	郑庆端	枣强廪生 优师毕业
			庶务 刘云倬	附生 初师毕业	陈则君	滦州增生 北洋大学毕业
					刘令德	邯郸附生 北洋大学毕业
大名府官立中学堂	城内书院改设	光绪二十九年二月	监督 徐莲峰	开州附贡 游历日本	中文 袁仲垣	武邑优生 师范毕业
			监学 杨槐森	元城附生 高等毕业		
			庶务 颜怀询	大名增生 初师毕业		
深州官立中学堂	城内北街书院旧址	光绪二十八年十月	监督 张凯	举人 游历日本	李蓉舫	高阳附生 优师毕业
			庶务 李亮照	增生 自治毕业	张文楷	安平附生 优师毕业
			会计 侯凤翕	附生	张兰田	本州附生 北洋大学毕业
					朱汝楷	饶阳附生 北洋大学毕业

表 6 所录虽然只是直隶众多中学堂中的三个个例，但从中我们可以看出直隶省新式学堂中的教习与监督大都为接受过新式教育的士绅。可见，科举制度的废除虽然中断了士绅的入仕之路，但随着近代社会变革的深入，

① 直隶省全省简明中学堂表 [A]. 李桂林，戚名琇，钱曼倩 . 中国近代教育史资料汇编・普通教育 [Z]. 上海：上海教育出版社，1995：313,315-316.

士绅阶层的社会地位并未因此而下降。他们凭借敏锐的目光迅速找到近代教育变革这一新的活动领域，进而以新式学堂为桥梁，学习新思想、新文化，毕业后投身到新式教育活动中，通过创办学堂、任职学堂监督或教习等方式活跃于晚清各地的近代教育变革中，提升其在新式教育领域内的社会地位，为推动晚清各省教育早期现代化的发展做出了重要贡献。

第三章

晚清士绅与直隶各级各类教育的早期现代化

直隶省属中华民族的重要发祥地之一——古冀州地，拥有辉煌灿烂的历史与文化。在古代社会，直隶省的传统教育内容以儒学为核心，包括各府、州、县官学，私塾、义学、书院、社学等多种办学形式。近代以来，清政府统治下的中国政治腐败，闭关锁国，教育落后，社会发展停滞不前。为此，晚清政府废科举、兴学堂，锐意改革教育，以期培养新型人才，挽救急剧尖锐的社会危机。直隶省作为京畿重地，对发展新式教育不遗余力，开展各种推进传统教育向新式教育的近代化转变的尝试。而士绅阶层作为地方社会的文化精英，通过多种实践活动参与近代教育变革中，直接推动了直隶省的新式教育的发展。

第一节

晚清士绅与直隶近代学校教育的初兴

直隶省的新式学校教育兴起于晚清，其内容包括初等教育、中等教育、高等教育、师范教育及实业教育。（由于士绅阶层在实业教育领域内的活动记载十分稀少，本书省略实业教育的相关内容。）在晚清，士绅阶层通过各种尝试与努力，为直隶省学校教育的发展贡献了重要力量。

一　初等教育的起步

光绪二十二年（1896），直隶总督王文韶[①]于省府保定设立蒙养学堂，由此开启了直隶省初等教育早期现代化的历史进程。

1900年后，晚清政府推行新政，于光绪二十七年（1901）颁布诏书，令各州、县将书院改为小学堂，并广泛设立蒙养学堂。在清廷兴学诏令的

---

① 王文韶（1830—1908），字夔石，号耕娱，浙江仁和人。1895年调任直隶总督兼北洋大臣，列名强学会，倾向维新变法。曾上疏请求加强海防，开采矿山；批准盛宣怀设立天津中西学堂、支持创办山海关铁路学堂。1896年主持将天津中西学堂改制为北洋大学堂；另设育才馆、俄文馆等。

号召下，直隶省开始改制书院、试办学堂，并于光绪二十八年七月初八(1902年8月11日)颁布《直隶省小学堂暂行章程》，在直隶各州、县设立小学堂，招收通晓五经、文理明顺、体质强健、天资聪慧的学生入学，教授经学、文学、法学、财政学等课程。[①] 随后清政府全面实施新教育改革，制定新学制，于光绪二十八年七月十二日（1902年8月15日）和光绪二十九年十一月二十六日（1904年1月13日）先后颁布《钦定小学堂章程》《奏定初等小学堂章程》《奏定高等小学堂章程》《奏定蒙养学堂章程及家庭教育法章程》，并于光绪三十一年八月初四（1905年9月2日）下诏废除科举制度。在清廷废科举、兴学堂政策的推动下，直隶省初等教育各类学堂蓬勃发展，成为全国兴办初等教育的表率。而直隶省初等教育各类学堂的林立与士绅阶层的活动休戚相关，这一阶层开展各种实践，推动了直隶新式学堂的兴建。士绅阶层推动晚清直隶省初等教育早期现代化的途径及活动主要包括如下几个方面。

1. 捐资设学

晚清政府虽然锐意改革，发展新式教育以培养社会所急需的实用人才，但受战争赔款、经济衰败等多重因素的影响，无法独立支撑各地新式教育发展所需的经费，只得将兴办新式学堂的重任交由地方政府和民间力量。清末壬寅学制、癸卯学制颁布后，初等教育学制得以确立，清政府一方面严饬地方政府大力兴学，发展地方学务，另一方面颁布各项政策鼓励民间兴学，要求各府州县官员与地方热心士绅广泛合作，鼓励士绅阶层投身于蒙养学堂、小学堂的兴办活动。“自强根本舍大兴教育更无他策，小学所以教通国之民，实为根本之图，应请明谕各督抚、学政切实督饬地方官，

---

① 直隶省小学堂暂行章程[A]. 璩鑫圭，唐良炎. 中国近代教育史资料汇编·学制演变[Z]. 上海：上海教育出版社，1991：75-76.

劝谕绅士广设小学堂，裁节官中不急之费，捐募绅富有力之家，通力合作，同时并举”[①]。直隶省虽为畿辅重地、首善之区，但也深陷初等教育经费短缺的困境。为此，直隶省各级地方政府及官员借助于民间力量，尤其是士绅阶层的资助，使得初等教育的发展在全国处于领先地位。

清末直隶省初等教育经费除地方政府拨款外，很大一部分来自士绅阶层的捐献。在晚清直隶省初等教育早期现代化过程中，士绅阶层或捐助部分学堂经费，或独资创办学堂，如天津民立第二等小学堂经费由绅董捐款，每月一百八十两，学生高等纳费八角，初等六角[②]；易州官立高等小学堂获城绅捐款京钱八千吊，合易州银三千二百余两。[③]再如，无极县士绅田宝颖，文生，慷慨好捐，热心地方教育事业，光绪三十一年（1905），向无极县令阁村公立初等小学堂捐园地四十亩，价值一千二百两；又捐旧庄基一所，新修学舍九间，操场一段，价值一千八百两，共计三千两；其胞弟贡生田宝坚、武生田宝录又捐银三百两为令阁村公立初等小学堂开学经费。[④]在晚清初等教育领域捐献经费、创办学堂的士绅人数较多，他们成为民间兴学的中坚力量，详见表 7。

---

① 学务处奏覆劝励绅商广设小学堂折 [N]. 申报，1905-10-29（9）.

② 奏派调查直隶学务员报告书（续）[J]. 学部官报，1907（19）.

③ 易州为城绅捐助高等官立小学堂经费较巨恳请奏奖禀并批 [J]. 教育杂志（天津），1906（1）：10.

④ 无极县为文生田宝颖等私立小学堂请照章奏奖禀并批 [J]. 直隶教育杂志，1906（5）：5.

表7 晚清直隶士绅捐献部分经费及独资创办初等教育各类学堂表

姓名	身份	所属	具体贡献
王延纶、谷钟秀、马锡蕃等	县绅	定县	光绪二十七年，建房十余间，招生二十余名，建立高等小学堂。
吴保昌	贡生	清苑县	捐隙地作校址，设立本村初级小学堂。清查村边河道，遍植杨柳，藉筹经费创办本区高级小学，成绩昭著。
刘兆奎	生员	满城县	毁废庙，建校舍，集公私各款充作校费，创办乡小学堂。
蒋士锐	举人	博野县	捐银一千二百五十两为高等小学堂经费。
蒋鸿遵	副贡生	博野县	捐银一千二百五十两为高等小学堂经费。
何国基	文庠生	望都县	重建公义节烈祠为女校校址，创办女子两级学堂。
刘凤昌	邑庠生	新城县	筹拨公益捐，创立初等学堂。
邢永怡	文庠生	新城县	鸣金禁赌，光绪末年，以历年犯赌罚款充学堂经费，村中小学因以成立。
张云亭	增贡生	昌黎县	科举既停，首捐经费为一邑集资，创建族立两等小学堂，并招外生以光教育。
孙玉润	庠生	昌黎县	创办两等学堂暨初级女学堂。
张一清	太学生	昌黎县	清季停科举，乃捐资，倡立村中小学一处，又嘱其孙宝谦在安山扩充两等学校。
张炳麟	增生	昌黎县	创办张氏族立两等学堂。
李梦钧	贡生	昌黎县	清末叶，举办新政，首先倡办本村国民学校，任义务学董，成绩卓著。
李凤阁	岁贡生	无极县	光绪三十三年在本县捐设学堂，奖给知府衔。
田宝颖	文生	无极县	光绪三十一年，向令阁村公立初等小学堂捐园地四十亩，价值一千二百两；又捐旧庄基一所，新修学舍九间，操场一段，价值一千八百两，共计三千两。
田宝坚	贡生	无极县	与武生田宝录捐银三百两为令阁村公立初等小学堂开学经费。
田宝录	武生	无极县	与贡生田宝坚捐银三百两为令阁村公立初等小学堂开学经费。
韩廷凤	增生	晋州	热心教育，首先捐设小学堂一所。

（续表）

姓名	身份	所属	具体贡献
王化南	岁贡生	元氏县	光绪三十年，将因村镇西街祖遗房产一所捐入因村初级小学堂。
李鹏霄	邑庠生	南宫县	慨捐钱三百两，与后涑泸村合立学堂，又立本村初小一处，自捐桌凳、教科书等费百余两。
卫守先	生员	广宗县	清季废科举、立学堂，于本村创立初等小学堂，劝捐学田八十余亩，又筹款于董里镇，立高等小学堂。
刘志和、贾保如	士绅	龙关县	光绪三十三年筹款创办蒙养学堂。
李保、李树资、周文运等	士绅	龙关县	光绪三十三年筹款创办初等小学堂。
阮维熊	士绅	怀安县	光绪三十四年，占伊家房舍，创立初等女学堂。
乔稽绪	邑庠生	万全县	清政维新后致力于地方教育事业，在本区创办学堂多处。
牛风诏	国学生	霸县	光绪三十年卒，遗嘱将房产捐入县立女学，地十余亩。
冯树勋	博士弟子员	霸县	光绪季年，国家新政创行，捐助全县学款两千二百金，并倡设初等小学堂。
张毓珊	增广生	霸县	光绪三十年创办小学堂。
胡善元	武庠生	霸县	宣统元年，捐款兴学，不惜重资。
李英华	郡庠生	景县	筹设龙华镇高等小学堂，兼国文教习。
李丕基	武举人	鸡泽县	清末变法后捐资于村内创立小学堂。
陈继虞	拔贡	磁县	创设高等小学堂。
范协隆	监生	磁县	遵母赵氏之命，将西乡北贾壁村庄房二所并地二十九亩五分捐作小学堂常年经费，估计所捐房地共值一千两。
朱国彬	优贡生	沧县	光绪三十年创设中区区立第一两级小学，捐资以充校内经费。
李书阁	武庠生	青县	宣统元年，备价五百余缗，赎回祖上所建关帝庙，捐入劝学经费。
徐兰如	邑庠生	南皮县	光绪间与村人筹定经费，首先创立初级小学堂，为各村之模范。

（续表）

姓名	身份	所属	具体贡献
苗漱芳	邑庠生	交河县	清末与邑绅唐齐清查庙产、创立学堂。
王仁度	县绅	深泽县	捐园地二十亩以作初等小学堂经费。
曹铁林	荫生	天津县	将王秦庄家祠房屋十二间改作学堂，价值千金以上。
严修等	进士	天津县	与林墨青、王竹林、李子赫、王寅楷等人创设天津民立第一小学堂。
卞宝廉、卞世请、张炳	士绅	天津县	筹设学款，设立天津民立第二等小学堂。

（资料来源：直隶各县县志、《直隶教育杂志》、学部官报、天津教育史志资料、《东方杂志》。）

捐资设学是士绅阶层在晚清直隶省初等教育早期现代化过程中最为直接的活动。通观晚清直隶省教育早期现代化的历史进程，其首要困难便是兴学经费不足，初等教育经费短缺的问题尤为突出。发展初等教育所需的师资、设备、场地往往要耗费大量资金，其成本远远高于私塾、义学等传统教育形式。然而，在晚清，中央政府受制于财政收入不足，只能承担少数高等学校的经费，初等教育经费的筹措则交由地方政府与民间力量负责。在晚清直隶省初等教育经费短缺的窘迫困境下，正是热心士绅资助了新式小学堂和蒙养学堂的兴办与维持。可见，士绅阶层在直隶省初等教育早期现代化的发展过程中起到了关键作用。

2. 任职教习

进入新式小学堂、蒙养学堂任职教习是士绅阶层推动直隶省初等教育发展的又一途径。清末科举制度废除后，各地新式学堂逐渐取代书院、私塾、义学、社学等传统教育机构，成为发展地方教育的主要机构。由于科举制的废除，传统士绅读书入仕之路受阻，适逢新式学堂创立，他们进而转向新式学堂，谋求新的出路，成为新式学堂的教习，继续在教育领域发挥作用。清朝末期，大量士绅成为初等教育各类学堂的教员，如邢台南宫县士绅李鹏霄，前溹泸村人，“家贫设教乡里，时值兴办学堂，慨捐制钱三百仟，与后溹泸村合立学堂，又立本村初小一处，自捐桌凳、教科书等，费百余仟，身任义务教员十余年，成材众多”[①]。再如保定新城县（今高碑店）士绅孟昭鑑，史家镇人，廪膳生，亚圣孟子第七十一代孙，“家居教授，清季各县立高等小学堂，邑侯谢书璠聘充堂长兼汉文教员，校规严正，教授有方，在校五年，邑侯李秉和以品学兼优旌之”[②]。

师资力量不足成为制约直隶省初等教育早期现代化的重要因素。为解决这一问题，直隶省派遣大量士绅充任初等教育各类学堂教员。光绪三十三年（1907），直隶省派往各地的209名高等小学堂教员，其中士绅为193人，具体名单见附录2。

派遣士绅作为初等教育学堂的教员，一方面是因为士绅阶层为地方社会的文化精英，在教育领域中有很大的文化优势。虽然这一阶层所具备的新学知识十分有限，但是在清末新旧教育体制交替的时代背景下，选派士绅作为初等教育各类学堂的教员已是最好的选择。另一方面，与清政府实行的政策有关。科举制度废除后，传统士绅阶层遭受巨大冲击，读书入仕的途径严重受阻。为此，清廷在兴办新式学堂的同时，对年岁稍长、不易改习新学的举贡生员做妥善安排，“三四十岁之老生员耳，其年力富强者皆可入学堂矣，且学堂大开，此三四十岁之老生员多可为小学堂之教习”[③]。可见，选派士绅作为初等教育各类学堂的教员，实际上也是清政府为这一阶层谋划的重要出路。

① 贾恩绂等．南宫县志（卷十六）[Z]．民国25年刻本：24.

② 张雨苍等修，王树枬纂．新城县志[Z]．台北：成文出版社，1968：442.

③ 时事要闻[N]．大公报（天津），1903-06-07（3）.

3. 改传统教育机构为学堂

清末新学制的确立及科举制度的废除推动了全国各地新式教育的发展。在清廷兴学诏令的推动下，直隶省大力兴办各类初等教育学堂。然而，由于兴学经费及学堂师资力量不足，直隶省的近代初等教育发展遭遇不小阻力，无法在短时间内建立足以普及全省初等教育的各类新式学堂，“以中国现时力量及人民程度，而欲大兴教育，广设蒙小学堂，恐无此量数之经费，亦无此量之教员”[①]。为此，直隶省充分利用传统教育资源，将书院、义学、私塾等传统教育机构改设为初等教育的各类新式学堂，以弥补晚清直隶省初等教育发展的不足。作为掌管地方学务的文化精英，士绅阶层在改造传统教育资源的过程中十分活跃。例如，唐山滦县士绅靳玉如将该县义学改为蒙养学堂。

> 靳玉如，字瑞廷，胡各庄人……幼聪颖好学，院试以第一名入邑庠，性慷慨爽直，胸无城府，孝于父母，友于兄弟，信于朋友，于公益事尤为热心。初胡各庄镇有观音庙一座，庙中香火租及案租，每年收入颇丰。清光绪二十三年，玉如乃商请以庙产创办义学，于是本镇贫苦子弟皆得免费读书，其书籍笔墨纸张无力购买者，均由玉如个人施给。光绪三十年，颁发新章，各处设立学堂，玉如又商请将本镇药王庙及文昌宫香火地租，一并归入义学，改设蒙养学堂。胡各庄之有小学教育，实基于此。[②]

---

① 私塾改良会章程 [A]. 舒新城 . 中国近代教育史资料上册 [Z]. 北京：人民教育出版社 .1981：101.

② 袁棻等 . 滦县志（卷十二）[Z]. 民国 26 年铅印本：26.

发展地方学务本是地方官员应尽之责任，然而，彼时直隶省新式教育刚刚起步，改革传统教育机构为新式学堂等诸项事宜，“务须督同地方绅董细考地方情形，妥筹切实办法”[①]。因而，直隶省各府州县地方官员选派本处“公正明达，乡望素孚”之士绅，“予以襄办学务之责任”[②]，对书院、义学、私塾等传统教育机构进行改造，以发展其为初等教育各类新式学堂。详见表8。

表8　晚清士绅改造传统教育机构为初等教育各类学堂表

姓名	身份	所属	具体活动
杨开溥	诸生	新城县杨家庄	光绪二十八年入保定东文学堂，师从尹宏庆，卒业后专力教育、实业各事，改家塾为蒙学堂，教乡人子弟。
吴会隆	副贡	滦县	假海阳书院办公处，以书院地租生息银，及村捐等为基金，改书院为高等小学堂，任职学董，招生一班，于光绪三十年四月开始授课。
靳玉如	庠生	滦县胡各庄	光绪二十三年，商请以庙产倡办义学，于是本镇贫苦子弟皆得免费读书，其书籍笔墨纸张无力购买者，均由玉如个人施给。光绪三十年，商请将本镇药王庙及文昌宫香火地租，一并归入义学，改为蒙养学堂。
刘凯元	士绅	滦县乔屯	光绪二十九年，唐山乔屯绅士刘凯元将刘氏家塾改为私立初等小学堂，自任堂长，自出经费，除教授自家子弟外，兼收乔屯一带的儿童入学。

① 奏定高等小学堂章程[A].璩鑫圭，唐良炎.中国近代教育史资料汇编·学制演变[Z].上海：上海教育出版社，1991：307.

② 奏定初等小学堂章程[A].璩鑫圭，唐良炎.中国近代教育史资料汇编·学制演变[Z].上海：上海教育出版社，1991：293.

（续表）

姓名	身份	所属	具体活动
李凤阁	岁贡生	无极县	光绪三十三年，在本县捐设学堂，奖给知府衔。热心桑梓于地方，公益创办不遗余力。初倡设圣泉书院，及科举废，又改为高小学堂，并倡办小学，合邑闻风而起，顿设立六十余所。
幺兆祥 景荫梁等	邑绅	元氏县	向民众募捐学校基金，于文清书院旧址添建学舍，改书院为官立高等小学堂，于光绪三十三年开学。
邢瑞龙 刘开平	县绅	新河县	光绪二十九年四月改堂阳书院为高等小学堂，任正副学董。
贾伟	监生	新河县	堂阳书院改设高级小学之筹备，伟之力居多。
崔椿鹤	拔贡	清河县	清末变法，改该县书院为学堂，任学董，请于文藻县令，购前四史九通，《皇朝经世文编》等巨帙。
徐寿光	拔贡	怀安县	光绪二十九年，占用文昌书院旧址，改设高等小学堂，将书院学田租金生息，及明正渠渠租，拨作改学堂常年经费。
宗翰藩	举人	怀安县	
马增濂	邑绅	万全县	光绪二十九年九月初一，改嘉禾书院为高等小学堂，任学董，将原有各行生息，北乡地租均作学堂经费。
赵维新	岁贡	三河县	光绪三十年，改临洵书院为高等小学堂，赵维新为堂长，李文魁为劝学总董，移书院生童膏火之费，作为学堂基金，学堂饮馔、制服、书籍等费统归学堂备办，不索学生分文。
李文魁	恩贡	三河县	
崔启宇	贡生	霸县	借益津书院创建高等小学堂，任堂长数年，概不支薪。
齐云峰	邑绅	交河县	重修瀛南书院，至光绪二十九年工竣，时值变法，遂改学堂（县城东街官立高等小学堂）。
唐凤书	邑绅	交河县	
苗湫方	邑绅	交河县	
王钟祥	邑绅	交河县	

（资料来源：各直隶省各县地方志）

19 世纪末 20 世纪初，众多地方士绅从事传统书院、私塾的改制与改良工作（详见附录6），改造传统教育机构成为士绅阶层推动直隶省初等教育早期现代化发展的又一重要途径。在士绅阶层的推动下，清末直隶省的传统教育机构改造取得了一定的成效，大量私塾、书院经过改革，发展为近代新式小学堂、蒙养学堂，为直隶省初等教育早期现代化注入了坚实力量。

综上所述，士绅阶层主要通过捐资设学、任职教习、改造传统教育机构为新式学堂等途径推动了直隶省初等教育早期现代化的发展历程。在这一阶层的大力支持下，晚清直隶省初等教育取得了较快发展。据不完全统计，到光绪三十四年（1908），直隶省共有新式小学堂 8 809 所，学生 197 832 人。至宣统元年（1909），共有新式小学堂 10 569 所，学生 230 813 人。[①] 晚清直隶省初等教育发展速度之快，实属罕见，这与士绅阶层的广泛参与有着密切联系。正是在这一阶层的大力支持下，晚清直隶省初等教育早期现代化的步伐才走在了全国的前列。

二　中等教育的肇兴

中国近代中等教育肇兴于 19 世纪末 20 世纪初的直隶省。光绪二十一年（1895），津海关道盛宣怀呈请直隶总督、北洋大臣王文韶奏准，于天津兴办中西学堂，亦称北洋西学学堂（今天津大学的前身），校址在大营门外的梁家园。学堂分头等、二等两级，二等学堂即相当于中学堂，学生定额 120 名，修业四年。此举开直隶省近代中等教育之先河，也是近代中国最早成立的新式中学堂。

清末推行新政，改革教育以培养新式人才，清政府于光绪二十七年八

① 朱有瓛．中国近代学制史料（第 2 辑上册）[Z]．上海：华东师范大学出版社，1987：271-272.

月初二（1901 年 9 月 14 日）颁布《兴学诏书》，饬令各省将所属各府、直隶州之传统书院改立为新式中学堂。直隶总督、北洋大臣袁世凯积极响应清廷的兴学号召，于光绪二十八年七月初八（1902 年 8 月 11 日）拟定《中学堂暂行章程》，在直隶各府、直隶州设立中学堂，“应每府设一处，各直隶州所属甚少，或就近附于各府，或两州令设一处”，招收经史通达、文理明顺、口齿嘹亮、身体强健的学生入学，学习中学、西学各项课程。① 自此，直隶省中等教育如雨后春笋，蓬勃发展。而直隶省中等学堂的林立与士绅阶层密切相关，这一阶层开展各种实践活动推动直隶中等学堂的普及，为晚清直隶省中等教育早期现代化贡献了重要力量。

士绅阶层推动晚清直隶省中等教育早期现代化的途径及活动主要包括如下两个方面。

1. 改制书院

传统书院改设学堂，肇始于戊戌变法，完成于清末新政，是晚清传统教育向新式教育转变过程中的重要教育改革举措。晚清直隶中学堂有很大一部分由传统书院改制而来，当时直隶各府州县士绅，或自行集资，或请拨公款对传统书院进行改制。光绪二十七年正月十九（1901 年 3 月 9 日），天津士绅严修、高凌雯、王世芸、王春瀛、林兆翰等在天津稽古书院旧址创办天津普通中学堂，是直隶士绅改书院为中学堂的开端。该学堂招生 98 人，每年经费约二万 ②，聘任美国人格林为英文总教习，设英文和汉文教习各 4 人。由于清政府还没有颁布新学制，只好自订学堂教学及管理制度。光绪二十九年（1903）春，普通中学堂移交天津知府衙门，改名为“天

① 直隶总督袁世凯拟订中学堂暂行章程 [A]. 璩鑫圭，唐良炎 . 中国近代教育史资料汇编 · 学制演变 [Z]. 上海：上海教育出版社，1991：86.

② “经费约二万”引自《中国近代教育史资料汇编 · 普通教育》，书中没有注明计量单位，清末已开始使用银圆，推测是二万银圆。

津府官立中学堂”。[①] 自此以后，士绅阶层在传统书院的改制活动中越发活跃，他们成为直隶省书院改设中学堂的具体执行者。如保定府定州士绅改定武书院为定武学堂。该书院创设于乾隆戊午年（1738），由州牧姚立德筹措经费设立而成，后经继任者沈鸣皋、郭守璞等人重修，得以扩展。光绪二十八年（1902），州绅王振垚、谷钟秀等人拟改书院为学堂，院绅王延纶、王维新大力襄助，聘请中国、日本各名宿，改为定武学堂，后改称为定州官立中学堂。在定州士绅的努力下，定州官立中学堂生徒日盛，达三百人之多。[②]

宣统元年（1909），直隶省共有中学堂 31 所，其中由书院改设而来的有 13 所（见附录 4）。而在这 13 所由书院改制而设立的中学堂中，士绅通过担任学堂监督、庶务、会计、文案等职务，具体负责书院改制工作。如大名府官立中学堂，由天雄书院改设而成，监督徐莲峰（开州附贡）、监学杨槐森（元城附生）、庶务颜怀询（大名增生）具体负责改制诸项事宜。[③]

在士绅阶层的筹划与主持下，直隶省传统书院改设为中学堂，顺应了晚清社会变革及时代发展的要求，为传统教育体制的变革贡献了重要力量。士绅主持书院改制并非个别现象，在晚清直隶省中等教育早期现代化过程中，大量士绅投入直隶省的书院改制活动中，推动了直隶近代中学堂的蓬勃发展，为直隶省近代中等教育发展奠定了坚实基础。在士绅阶层的广泛参与下，直隶省书院改中学堂取得了明显成效，中等教育发展处于全国领先地位。

---

① 中国人民政治协商会议河北省委员会文史资料研究委员会．河北文史资料第 25 辑 [Z]. 石家庄：河北文史书店，1988：9.

② 何其章等修，贾恩绂纂．民国定县志 [A]. 上海书店出版社编．中国地方志集成·河北府县志辑（第 35 册）[Z]. 上海：上海书店出版社，2006：428.

③ 直隶全省中学堂简明表 [A]. 李桂林，戚名琇，钱曼倩．中国近代教育史资料汇编·普通教育 [Z]. 上海：上海教育出版社，1995：313.

2. 任职教习

晚清直隶省中学堂开办初期，师资力量严重不足，符合需求的教师极为稀缺，大量士绅涌入中学堂任职教习在一定程度上缓解了这一问题。比如，完县士绅安尚敬，“生于清光绪十年，幼而聪颖沉默……读书过常童，十有八岁以案首入县庠。目击国家庚子之难，毅然舍举业，投考保定高等学堂。是时尚敬家中落，诸父异爨。尚敬在学幸以官费加月试、年试辄首列得奖金，无资于家而反资之，毕业升北洋大学堂，入师范第一班，光绪三十三年五月以第一人毕业，充任河间府中学堂教员、监督”①。士绅进入中学堂任职教习是这一阶层进入新式教育领域的重要活动之一，据统计，光绪三十三年（1907）直隶省各属中学堂教习共计70人，其中士绅为31人。在这31名士绅中，有25人接受过师范、科学馆及留学等新式教育，详见附录3。

至宣统元年（1909），直隶省各属中学堂教习共计144人，其中士绅99人。这99名士绅中，有71人为高等学堂、师范学堂、法政学堂及留学国外的毕业生（详见附录4）。可见，在晚清直隶省中学堂教习中，无论是士绅的总人数还是接受过新式教育的士绅人数，都呈上升趋势。清末推行以废科举、兴学堂为主的教育改革后，大量士绅进入新式学堂学习新知识与新文化，成为既享有旧式科举功名（或学衔），又具有新式教育背景的新式知识分子。这些拥有“旧功名与新学历”的士绅阶层在直隶省各属中学堂中任职教习，教授新学，客观上加快了晚清直隶省中等教育早期现代化的发展步伐。

综上，晚清士绅阶层主要以改制书院及任职教习为途径，推动直隶省中等教育早期现代化的发展。在士绅阶层的大力支持下，晚清直隶省中等

① 彭作桢等．完县新志[Z]．台北：成文出版社，1968：416.

教育取得了不俗的成绩。到宣统元年（1909），直隶省共有中学堂 31 所，学生 2419 人，仅次于四川、湖南、江西三省，位居全国第四位。① 现列举直隶省两所著名学堂，以观晚清直隶省中学教育发展历程。

（1）保定府官立中学堂

保定府官立中学堂是晚清直隶省著名的中学堂之一，该学堂创建于光绪三十二年九月（1906 年 8 月），校址在保定城隍庙西侧子母宫。清苑副贡张国淦为学堂监督，总理学堂一切事务。学堂成立之初存在诸多问题，"其建筑未合法，除讲堂二所尚合用外，寄宿舍面积小，学生太多，极宜设法在堂后隙地添造"。光绪三十三年（1907），查视员调查此学堂时，已经停课，"未见其授业，但学生在堂温习颇整肃，管理尚认真"②。光绪三十四年（1908），该学堂有教员 7 人，学生 164 人，比上一年明显增多，但在教室、学生宿舍、图书馆管理方面仍存在问题。"该堂分三班，学生人数共百六十人。甲班系旧学生，在二年级，共四十二人。乙丙两班均在一年级，共百十八人，系今春季新招者……若以后再招新生，势不得不再行建筑。学堂后面尚有空地，然偏而不正。监督之意，拟于此再建楼房一座，楼上充学生宿舍，楼下充讲堂。"③ 查视员秦岱源、刘骏书认为监督的扩建方案并不合适，"若如此，则讲堂、宿舍犬牙错杂，愈不整齐，更难管理"，遂提出学堂扩建建议，"不如将中央礼堂拆去顶面，增盖楼房，则上下可得四讲堂，于形式、管理上，均属整齐，方便矣"。同时学堂图书及理化、博物器械俱不多，陈列亦欠妥善。查视员建议监督

① 朱有瓛．中国近代学制史料（第 2 辑上册）[Z]．上海：华东师范大学出版社，1987：490.

② 保定府中学堂调查意见 [A]．保定市教育局史志办公室编．保定教育史料类编 [Z]．石家庄：河北人民出版社，1990：118.

③ 查视保定城内外学务情形报告 [J]．直隶教育杂志，1908（13）：47.

另制玻璃柜，以期永久保存图书及相关设备。[①]

宣统元年（1909），该学堂得到进一步发展，在堂学生221人，职员5人，分别为监督张国浚（清苑副贡）、文案许育瑾（清苑附生）、会计冯沼（清苑人）、庶务李清和（清苑人，候选从九）、医官宁益寿（清苑人，候选从九）；教员共9人，分别为董锟（安肃人，北洋大学毕业）、王金鉴（安肃廪生，高等学堂毕业）、李大本（乐亭优贡，北洋大学毕业）、殷珍（南皮举人，优师毕业）、苏莘（交河廪生，师范毕业）、王家鹤（元氏举人，优师毕业）、田书麟（新城举人，师范毕业）、高庆题（束鹿举人）、刘凤舞（江苏人，武备毕业）。[②]

至宣统二年（1910），保定府官立中学堂规模进一步扩大，有讲堂6处，操场1处，宿舍46间，职员5人，教员13人。二年级学生61人，三年级学生101人，四年级学生37人，实科一年级61人。职员与学生感情甚好，其办法近亦改良。教员王文彬教一年级算术，示范明确；教员苏莘教二年级地理，教材敷用；教员李勋教三年级图画，指示切当。学生体育有进步，各科成绩多佳。校风无恶习。但查视员认为该堂所处地址太过狭隘，无法扩充，学款亦将有亏欠，不易筹划。此后各处高小毕业生日多，学堂选何处扩充，需要官绅合力协商筹办。[③]

1912年，保定府官立中学堂更名为保定府官立中学校。1913年，改为直隶省第六中学。1928年8月，改称河北省立第六中学。1932年10月，改称河北省立保定中学。抗日战争期间，校舍破坏严重，部分师生并入私立同仁中学。[④] 从1912年到保定沦陷，共招初中近80班，高中10余班，

① 查视保定城内外学务情形报告[J].直隶教育杂志，1908（13）：47.

② 宣统元年直隶教育统计图表[A].保定市教育局史志办公室.保定教育史资料类编[Z].石家庄：河北人民出版社，1990：119.

③ 查视保定府学务报告[J].直隶教育官报，1910（5）：81.

④ 阎国华，安效珍.河北教育史（第二卷）[M].石家庄：河北教育出版社，2003：87.

学生 4 600 余人，毕业生近 2 000 人。①

（2）保定府育德公立中学堂

保定府育德公立中学堂是直隶省著名公立中学堂，创建于光绪三十四年（1908），由保定西关讷公祠公立高等小学改设而成。直隶高等学堂肄业生何风华、农业学堂肄业生凌云为求理想教育之实验，联合他们所在的两所学校共 11 人，筹集钱款二百余两，争得两所学校监督的支持，选址保定西关金台驿街朝阳寺，于光绪三十一年（1905 年）招生开学，定名为直隶讷公祠公立高等小学堂。② 高等小学堂学制三年，没有专任教员，设置算史、经史、国文等学科，功课由直隶高等学堂和农业学堂的学生轮流讲授。初期有义务教员 23 人，公推靳梅溪为驻校管理。③ 受限于经费，讲堂宿舍仍袭祠堂之旧，颇不适宜。光绪三十三年（1907），学堂管理靳梅溪与陈兆雯、举人齐树楷等人拟定育德中学开办章程十三条，呈请直隶提学司提请将讷公祠公立高等小学堂改为公立育德中学堂。提案原文及学堂章程如下。

保定绅士齐树楷等为创设公立中学堂禀请学台立案文

为创设育德公立中学堂恩准立案事，窃举等自光绪三十一年在保定西关就讷公祠旧址创立直隶公立高等小学三载以还，经宪台鼎力提倡，兼任事人劳力热心，来学者日增一日。兹举等建议，大加扩充立一育德公立中学堂，冀少年英俊多所凭借，宪台以教育普及为怀，谅所乐闻者。其地址业就讷公祠西邻购地十余亩，但其中屋舍无多，学

① 张彦军等主编 . 保定市教育志 [Z]. 北京：中国社会科学出版社，1994：175.

② 保定教育史资料选编编委会编 . 保定教育史料选编（第二册）[Z]. 保定：河北大学出版社，2012：100.

③ 魏一樵主编 . 中国名校（中学卷）[M]. 沈阳：辽宁大学出版社，1992：108.

生寄宿暂就近傍租赁，俟明春房舍修齐再一律迁移至。开办经费概由学界同人捐助，其不足处由举等担任，常年经费则由学生学费充补，开办伊始拟先招学生二百名，届明春开学时即行开堂授课。前直隶公立高等小学班仍附属其中，改名附属公立高等小学，其管理教授一切事宜均由中学人员兼任。以上创设中学情由，理合陈明，伏祈宪台大人恩准立案施行实为公便。[①]

育德公立中学堂开办简章

一、宗旨 本堂以普通教育养成中等人才，补助官立中学之不及为宗旨。

二、名称 各国教育分三大纲：德育、智育、体育。本堂于三者之中尤以德育为基础，故名曰育德公立中学堂。

三、地址 同人前就讷公祠创立直隶公立高等小学，本堂拟就其地址暂先开班，俟房舍修齐再为迁移。

四、额数 本堂拟招生二百人为足额，俟有宽阔地址再行推广。

五、课程 本堂课程均按奏定中学章程教授，务令学生毕业后能入各种高等学堂。

六、宿舍 讷公祠房舍无多，学生寄宿拟暂在外租赁，其赁金及舍内用具概归本堂备置。

七、入学资格 学生以国文通顺，身体健壮，年在十七岁以下、十四岁以上者为合格。

八、费用 学生每人月应纳学费二元，膳费三元，但学费于每学期开始先将该学期学费十二元缴足，膳费一年分四季于每季前按每人

① 保定绅士齐树楷等为创设公立中学堂禀请学台立案文附简章并批[J].北洋官报,1908（1602）：7.

所食日数扣算，先行缴收（凡学生应用书籍、操衣、纸笔等均由学生自备，堂内印刷物及油炭等费归本堂备办）。

九、开办费及保证金 学生入堂时每人须交开办费四元、保证金六元，但开办费概不归还，保证金作为毕业年最后半学期学费（中途退学者保证金另有简章）。

十、愿书 学生入学时必须填写志愿书，将籍贯、年岁及平日所读书籍一一注明。

十一、年限 本堂遵照定章以五年为毕业期。

十二、奖励 本堂已禀准提学司立案，学生毕业后与官立中学受同等之奖励。

十三、职任 本堂由发起人中公举监督一人兼教务长，统理全堂事宜，教员无定额，司事一人，管理庶务及账目。[①]

光绪三十三年十一月二十八日（1908 年 1 月 1 日），直隶提学使卢靖批准该立案。育德公立中学堂于光绪三十四年（1908）正式开学，公推陈兆雯为学堂监督。改设中学后，学校堂舍均不敷用。因而又添募款项，增设讲堂三间，宿舍三十余间。讲堂比较宏阔，但宿舍微嫌低隘，皆因学堂经费短少。学堂监督陈兆雯管理有法，学生均知守规。各职员、教员均系甘尽义务，不取薪金，毅力热心，概可想见。[②]宣统元年七月（1909 年 8 月）

① 保定绅士齐树楷等为创设公立中学堂禀请学台立案文附简章并批[J].北洋官报,1908（1602）：7-8.

② 查视保定城内外学务情形报告[J].直隶教育杂志，1908（13）：47-48.

陈兆雯因病去世，郝濯[1]接任育德公立中学堂监督。是年，在堂学生甲班45人，乙班29人，丙班47人。职员3人：监督郝濯（霸州附生，师范毕业），监学王德涵（蠡县廪生，师范一年），庶务靳梅溪（蠡县廪生）。教员11人，包括算史：郝濯；经史：杨万荣（蠡县廪生，师范毕业）；国文：齐汝襄（蠡县廪生）；博物：张书麟（清苑人，日本师范毕业）；代数、几何：何凤华（蠡县附生，北洋大学堂毕业）；英文：郭凤洲（高阳附生，北洋大学堂毕业），戴德馨（定州文生，高等学堂毕业）；地理、修身：王德涵；理化：靳瀛旭（蠡县附生，京师大学毕业）；图画：齐国梁（蠡县附生，师范毕业）；体操：王文山（附生，北洋陆军毕业）。[2]

宣统二年（1910），保定育德公立中学堂得到进一步发展，设有讲堂四座，操场二处，宿舍四十四间。全堂清洁，空气亦佳，有职员5人，教员13人。普通科学生三年级66人，二年级37人，内附高小班23人，实科一年级46人，共172人。学堂学生皆能自治向学，而俭、德尤为特色，学额亦日见增加，非各员训育有素，乌能至此。一年级生到班者45人，教员郭凤洲教读本，发音亦清。二年级生到班者36人，监督郝濯教算学，理解详明，口齿亦利。三年级生到班者66人，教员戴德馨教代数，举例富有，引导有力。附设高小科22人，教员杨万荣教国文，笔意详尽。学生国文

---

① 郝濯（1879—1957），字仲清，晚年改仲青，并以字为名。原籍河北霸县，后其先辈移居天津县郝家堡。教育家，从事教育事业历五十载，其中大部分时间任育德中学校长。光绪二十六年（1900）入县学（中秀才）。曾为塾师，后考入直隶高等师范学堂肄业。光绪三十三年（1907），他从直隶高师肄业，受聘于保定崇实中学，担任国文和历史教员。此间结识了早期革命家陈幼云先生，并经幼云先生介绍，首批加入中国同盟会，继随幼云先生到保定西关创办育德中学。宣统元年（1909），幼云先生积劳病故，同仁公推郝仲青担任育德中学监督，并任中国同盟河北分会主盟人。武昌起义后，育德中学成为北方革命的总机关。仲青居中策划，昼夜不息。

② 宣统元年直隶教育统计图表[A].保定市教育局史志办公室.保定教育史资料类编[Z].石家庄：河北人民出版社，1990：122.

及各科多佳，图画稍逊。校风良善。查视员秦岱源、刘骏书评价该学堂道："以无款之公立高小，自光绪三十三年改为中学。不三四年而学额骤增至一百七十余人，职员多尽义务，即取薪水，亦得诸学费之余，所取无几，有始有终，至今不懈，其气亦豪矣。且办法日见完美，较各府州官立中学之有款者，直驾乎其上，殊为难得。"①

1911 年武昌起义爆发后，保定各校停课，当时育德中学成为保定地区革命活动中心。1917 至 1920 年间，育德中学开设留法勤工俭学预备班。共举办四期，毕业 213 人，赴法留学 93 人。②1937 年全民族抗日战争全面爆发，该校先后南迁河南省郾城、西峡口。抗日战争胜利后，于 1946 年迁回保定复校。1948 年育德中学停办，1985 年在原址恢复重建。

三 高等教育的发端

自 1840 年鸦片战争始，中国在西方列强坚船利炮的武力侵略下，发生了翻天覆地的变化。晚清政府统治下的中国，领土沦陷，主权沦丧，社会危机日益加深，逐步沦为半殖民地半封建社会。在时代变迁的社会背景下，以科举取士为中心的传统教育体制，因无法培养近代社会发展所需的实用人才而陷入严重危机。学习西方科学知识与技术，改革传统教育制度，培养适应时代发展的新式人才，成为19世纪后半期中国社会的迫切要求。而西方近代高等教育制度的传入，则为中国近代高等教育的发展提供了重要参照。在政治、经济、文化等诸多要素的相互作用下，新式高等教育应运而生。

① 查视保定府学务报告[J].直隶教育官报，1910（5）：81-82.

② 河北省地名委员会办公室编.河北名胜志[Z].石家庄：河北科学技术出版社，1987：131.

直隶近代普通高等教育萌芽于以“自强”“求富”为目的洋务运动末期。光绪二十一年（1895），天津海关道盛宣怀鉴于开办学堂、发展新式教育为振兴国家的急务，遂呈请直隶总督王文韶奏准，于天津创办天津北洋西学学堂，后更名为北洋大学堂。学堂分头等、二等两级，学制为四年。二等学堂即外国所谓小学堂；头等学堂即外国所谓大学堂。此为晚清直隶近代高等教育的发端，也是中国大学教育的雏形。[①]

晚清政府废科举、兴学堂，模仿西方各国教育制度发展近代新式教育。直隶省教育在清末共有两所普通高等学堂，分别为直隶高等学堂和北洋大学堂。在这两所学堂的兴办、发展过程中，士绅发挥了较为突出的作用。

光绪二十二年（1896），天津北洋西学学堂改称北洋大学堂，为中国近代第一所国立大学堂，也是按照西方教育模式创办的第一所新式大学。北洋大学堂建立后盛宣怀兼任名誉校长，美国人丁家立[②]任总教习。在北洋大学堂的日常教学和管理中，士绅阶层扮演了重要角色。光绪三十三年（1907）该学堂的管理人员共有10人，分别是督办：梁敦彦（津海关道），监督：蔡儒楷（直隶候补知府），斋务提调：徐德源（廪生），医务官：藤田雨郎，监学官兼图书局经理官：陆鸿文（县丞），正文案官：甘联超（候补州判），正会计官：徐德林（候补县丞），副文案官：潘寿恒（候补直隶州），副会计官：汪福熙（候选训导），杂物官：卢沛恩（候补县丞）。其

---

① 教育部教育年鉴编纂委员会编．第一次中国教育年鉴（丙编）[Z].上海：开明书店，1934：9-10.

② 丁家立（1857—1930），美籍著名教育家。1857年，丁家立生于美国波士顿城，在美国达特茅斯大学毕业后，进入欧柏林大学研究院，获得神学硕士学位。1882年，丁家立来华。1886年，在天津开办了一所不带宗教色彩的中西书院，自任校长。1895年，参与北洋大学堂筹建并出任总教习11年。1902年，为西沽复校立大功。他为中国近代高等教育的起步与发展做出了历史性的贡献。他先后获得中国政府颁发的三等一级双龙勋章、二等三级双龙勋章、二等嘉禾勋章。他曾兼任留美学堂监督、直隶高等学堂总教习、直隶全省西学督办等职。著有《英文法程》《亚洲地理》等教科书。

中有士绅 7 人，他们大部分为有候选职衔而又不居官位。同时，北洋大学堂的日常教学活动同样离不开士绅阶层的参与。北洋大学堂共有教员 16 人，其中士绅 8 人，包括生员 2 人，举人 1 人，廪生 2 人，附贡生 1 人，有职衔而不居官位者 2 人。他们担任西史、理财、土木工学等教员，在北洋大学堂的教学活动中扮演了重要角色。详见表 9。

表 9　北洋大学堂职员表[①]

姓名	履历	任授教科
王邵廉	分省补用知县	教务提调
林文德	美国，律师	法律学
任纳福	美国，生员	西史兼理财学
裴福士	美国工程，生员	物理兼土木工学
德雷克	美国哲学博士	矿学兼地质学
吉德尔		法文
罗沙		德文
张玉昆	北洋大学堂毕业生	土木工学副教员
严称恪	举人	国文
桂埴	候选训导	同上
杨金铃	廪生	同上
徐德源	同上	同上
刘国珍	附贡生	国律
曹国斌	北洋武备学堂及武备师范学堂毕业生	兵学兵操
赵玉藻		军乐
王崇甲		同上

直隶高等学堂是晚清全国较早兴办的高等学堂之一，是在直隶总督、北洋大臣王文韶创立的畿辅大学堂的基础上改建而来的。光绪二十四年

① 北洋大学堂职员表 [J]. 学部官报，1907（22）：157-158.

（1898），直隶总督王文韶上奏清廷，请变通书院章程，于省府保定西关灵雨寺创建畿辅大学堂，交由清苑县知县劳乃宣负责筹建工作。当时，王文韶与劳乃宣已制订出《畿辅大学堂章程》，但因没有请到合适的教习而未开学。光绪二十六年（1900），法、德、英、意联军入侵保定，畿辅大学堂惨遭焚毁。两年后，直隶总督、北洋大臣袁世凯决定在其旧址改建直隶高等学堂，聘请美籍著名教育家丁家立担任总教习。1902年4月，直隶高等学堂正式开学，学制为四年，“并明定为北洋大学堂之预备。学校毕业学生不必经过入学考试，即可直接升入北洋大学正科”[①]。

直隶省新式学堂的创办、发展与士绅阶层的广泛参与有着密切关系，直隶高等学堂也不例外。在该学堂的创办、发展过程中，士绅阶层发挥了重要作用。如学堂监督王景禧，15岁时便取得生员身份入沂州府学，21岁考取举人功名，23岁得中进士，授翰林院编修。维新变法失败后，他的仕途受到影响，于是离京任济宁南池书院山长。光绪二十九年（1903），由清政府选派，赴日本考察教育，并护送22名中国留学生进入日本宏文学院学习。回国后，一心发展教育事业，历任普通教育处兼编译处总办、直隶学务处参议等职。光绪三十一年（1905），任职直隶高等学堂监督，不遗余力地为学堂招揽国内外博学多才、品学兼优的教师。他认为，在当时国内社会危机日益严重的情况下，只有发展教育才可以挽救民族危亡。在学堂的日常教学与管理过程中，他勇于创新，积极效仿国外先进的办学模式，主张“学以实为贵，学用结合”。[②]宣统元年（1909）的一项教育统计如实地反映了士绅阶层在直隶高等学堂中的角色，详见表10。

---

① 朱有瓛．中国近代学制史料（第2辑上册）[Z]．上海：华东师范大学出版社，1987：629．

② 郑新芳．直隶高等学堂的校长及名流[N]．保定晚报，2008-11-08（12）．

表10　宣统元年直隶高等学堂职员、教员统计表①

职员	姓名	身份履历	教员	姓名	身份履历
监督	刘春霖	肃宁进士、翰林院修撰	国文	刘登瀛	南宫举人、山东知县
教务长	李景濂	邯郸进士、学部主事	历史、心理	尹宝真	交河拔贡、师范毕业
教务长	费起鹤	美稚礼大学硕士	经学	米得志	定州拔贡
庶务长	何盛林	河南拔贡、候补知县	法制、理财	步以韶	枣强举人、法政毕业
斋务长	赵炳麟	饶阳进士、河间府教授	兵学、体操	张凤岗	武备毕业
学监	张冠青	束鹿举人、普通毕业	国文	崔谨	祁州举人、内阁中书
学监	王宝珊	肃宁增生、师范毕业	国文	高庆题	束鹿举人
文案	周景薰	湖北举人、直隶布库大使	英地	李家桐	留美毕业
会计	张伯衡	新城增生	博物	黄立猷	举人、湖北农科、小京官
杂务	樊景濂	清苑增生	化算	韩得森	英国人、理化学士
检查	金铨	自治学员	法文、英文	乐得摩	美国人、师范毕业
掌书	李镜湖	束鹿副贡、师范毕业	英史、图画	郎得义	英国人、大学毕业
司事	王立中	安肃附生	英文、德文、亚洲史	裴南美	美国人
司事	殷振元	日本染织毕业	算学	艾德敷	美国人
司事	平凤岐	候补县丞	几何、三角	郑大和	水师毕业
司事	王宝莹	肃宁	英文	张锡州	北洋大学毕业
司事	黄希贤	肃宁	地理	吕廷勋	北洋大学毕业
司事	汪文卿	湖北	算史	汤泽清	本学堂毕业

① 宣统元年直隶教育统计图表[A].保定市教育局史志办公室.保定教育史资料类编[Z].石家庄：河北人民出版社，1990：219.

从表10可以看出，宣统元年直隶高等学堂共有职员36名，其中有进士及各类“举贡生员”身份的士绅18名，达到教职员总人数的一半。在这18名有功名身份的士绅中，11名为管理人员，7名为学堂专任教习，其中不乏刘春霖[①]、李景濂[②]、刘登瀛[③]等曾经任职于清政府文化教育机构官员的著名士绅。教育肩负传承本国优秀文化的重任，教育早期现代化在学习西方科学知识与技术的同时，注重对本国优秀文化的传授。国文、历史、经学等传统课程是直隶近代高等教育的重要组成部分。在直隶高等学堂中，士绅多担任传统课程教员。

19世纪末20世纪初，是中国传统高等教育向近代高等教育逐步转型的重要历史时期。从各类洋务学堂的兴起，至晚清近代高等教育形态的初步形成，中国近代高等教育的萌芽、发展历经了半个多世纪。在此期间，为适应近代中国社会性质转变及新型实用人才培养的需要，以科举取士为中心的传统教育，在人才培养目标、课程内容、管理方法、教育途径等方面发生了一系列变革，在教育性质上逐步由传统教育向新式教育转变。晚清士绅推动下的直隶省高等教育变革，是中国近代高等教育的重要开端，对20世纪中国高等教育产生了多方面的影响。

---

① 刘春霖（1872—1944），字润琴，号石箕。直隶肃宁人，光绪三十年（1904）甲辰科状元。宣统元年（1909），从日本学成回国，任保定直隶高等学堂监督（校长）。治教之余，他还常到设于原莲池书院的文学馆讲学。

② 李景濂（1869—1939），字右周，直隶邯郸人，光绪三十年（1904）甲辰科进士。历任直隶城莲池书院斋长，直隶大学堂汉文教习，直隶学校司编译处编纂，进士馆学员直隶高等学堂汉文教务长，直隶文学馆副馆长等。

③ 刘登瀛，生卒年不详，字际唐。直隶南宫人，光绪三十年（1904）举人。清末新政期间，其与同门好友齐福丕共同筹办南宫两等小学堂。其后二三十年，任河北大学、山西大学教授，专心致力教育，深受学生尊崇。

四　师范教育的始兴

教师是世界上出现最早的职业之一。在中国辉煌灿烂的文明史中，早就有上至辅导皇室宗亲的“帝师”“太傅”“太保”，下至民间书院、私塾、义学的“山长”“塾师”“先生”。尊师重道是中国自古就有的优良传统，师资的选拔须注重“德行与道艺兼求”。汉代著名哲学家、教育家扬雄指出：“师者，人之模范也”，第一次在我国教育史上将“教师”与“模范”联系起来，确立了作为教师的基本要求。他还进一步阐述了教师的重要作用：“模不模，范不范，为不少矣。”①尽管我国古代并未建立系统、完整的师资培训体系，但自享有“万世师表”美誉的伟大教育家孔子开私人讲学之始，中华大地涌现出众多博学之士以“学而不厌，诲人不倦”的孜孜精神，通过“笔传口授”或“高足弟子转相授业”等方式，培养了不计其数的优秀教师，使璀璨悠久的华夏文明不断丰富、发展。

我国系统的师范教育制度发端于晚清时期。随着晚清新式学堂的大量建立，对师资的需求日益急切，由此产生了发展师范教育的历史需求。晚清众多开明人士洞察了这一历史发展的迫切需求，通过各种方式尝试创办师范教育。

梁启超于光绪二十二年（1896）发表《论师范》一文，对中国近代师范教育进行了系统论述，这是开明士绅论述师范教育思想的理论先声。梁启超倡设学校，培养人才，认为只有开启民智才能缓解社会矛盾、挽救民族危亡，而创办师范学校、发展师范教育是其基础。“欲除革旧习，兴智学，必以立师范学堂为第一义。”②以梁启超为代表的开明士绅对师范教育思

① 扬雄．法言·学行[A]．孟宪承．中国古代教育文选[Z]．上海：华东师范大学出版社，2010：143.

② 梁启超．变法通义·论师范[A]．陈学恂．中国近代教育文选[Z]．北京：人民教育出版社，1983：144.

想的论述及宣传，为中国近代师范教育的发展奠定了坚实的思想基础。晚清直隶省师范教育的发展亦得益于此。

直隶师范教育起源于清朝末年。直隶总督、北洋大臣袁世凯认为培养新式人才在于兴学，而兴学须有充足的师资力量。晚清直隶各地虽积极筹办新式学堂，但缺少能够胜任的教习，课程亦无法确定，各地兴学故而进展缓慢。兴办师范学堂、培养师资刻不容缓。为此，袁世凯于光绪二十八年（1902）在省府保定的金钱胡同创办直隶师范学堂，选拔各府、州、县的举贡生员作为学生，教授日本翻译的西学书籍，为各府州县的学堂培养师资力量。[①] 该学堂是直隶师范教育的发端，亦是全国最早成立的官立师范学堂之一。

19 世纪末 20 世纪初，传统士绅阶层在新旧交替的时代变革中发生分化与转型，他们当中的开明人士认识到晚清社会的危机日益加深，希望通过学习西方以挽救民族危亡，并为自己谋求一定的社会地位与权力。晚清直隶省师范教育的发展与士绅阶层的鼎力支持紧密相关。随着晚清各项社会改革的持续深入以及近代新式教育的蓬勃发展，众多士绅倡导新学，加入兴办师范学堂的队伍之中。

> 唐山滦县士绅裴廷楹，字任卿，纪各庄人，幼年读书，刻苦自励，逊清光绪二十六年，补博士弟子员（县学生员），家本贫窭，恒以教读为业，假馆谷糊口。清末诏废科举，立学校，当是时风气未开，士林惶惑，廷楹独能应时务之所需，提倡新学，先在本村创设教师传习所，以期革新教育。[②]

① 直隶总督袁世凯．奏办师范学堂暨小学堂折[A]．璩鑫圭，唐良炎．中国近代教育史资料汇编·学制演变[Z]．上海：上海教育出版社，1991：74.

② 袁棻等．滦县志（卷十二）[Z]．民国 26 年铅印本：25.

> 邢台新河县士绅贾伟，字仲英，城西关监生也，堂阳书院之建立，高级小学之筹备，伟之力居多，师范学堂亦为伟所创。[①]
>
> 衡水冀县士绅张廷湘，岁贡生，字楚航，性沉毅果决，临事当机立断，乡里有疑难事，辄就商取法，以是为一方信仰。光绪癸卯大府饬建中学，廷湘就河工局设立高等小学堂，督察院设立师范学堂，身任劝学总董，未匝月而成立初等小学堂一百余所。[②]

晚清直隶省师范学堂尚处于起步阶段，师资短缺是制约其进一步发展的重要因素。为此，直隶省选拔品学兼优士绅充任师范学堂职员和教员，负责学堂日常管理事务和教学活动。以直隶师范学堂为例，该师范学堂于光绪二十九年（1903）在省城保定外关建立。宣统元年（1909），在堂学生优级134人，初级284人。职员17人，包括监督：张镁绪（天津进士，工商部主事）；副监督：李谐镁（冀州举人）；教务长：邢之襄（南宫人，留学日本帝国大学）；斋务长：吕植（良乡举人）；庶务长：王荣绶（涿州举人）；监学兼教员：王穆如（任丘附生），刘汝翼（昌平人），刘金策（成安举人），田世谦（安州廪生），齐国（梁蓄县人）；监学兼会计：张第才（满城拔贡），邢锡纲（安州举人）；文案：李栋（藁城举人，日本法政毕业）；庶务：王运昌（安徽人，试用县丞）；检察：孙阴（安徽人，候补知县）；管仪器：王万龄（涿州人）；管书：李镛（永年人，议叙县丞）。其中，一半以上为有科举功名的士绅。教员14人，包括国文：步以庄（枣强拔贡）；经学：李兆麟（深州举人）；英算：刘国桢（广东人，水师学堂毕业），庞德甫（沧州人，水师学堂毕业），谢炳麟（清苑人，北洋大学毕业）；算学：范慕庭（清苑人，北洋大学毕业）；体操：石辉玉（湖南人，

---

① 傅振伦等．新河县志（第四册）[Z]．民国18年铅印本：43.

② 王树枏等．冀县志（卷十九）[Z]．民国18年铅印本：30-31.

武备学堂毕业）；理化：关本幸太郎（日本人）；教育：中谷延治（日本人）；博物：永井勇助（日本人）；音乐：近森出来治（日本人）；手工：柏原伊之吉（日本人）；史地：直江光次（日本人）；体操：彭桂洲（冀州附生）。其中，士绅 3 人，日本教师 6 人，其他新式学堂毕业生 5 人。此外，该学堂还有译员：孙荣彬（玉田附生），东文班学生张家声（天津人），东文班学生李煜昕（任丘人），东文班学生胡英如（清苑人）。① 可见，直隶师范学堂的士绅阶层更多的是参与学堂的日常管理，教学则大都由来华日本教习和新式学堂毕业生担任。再以天河两级师范学堂为例，该学堂最初为培养天津、河间两地小学师资而建立，创办人是胡佳祺，学堂地址在天津城西北角文昌宫北洋校士馆内，后改为培养中学堂及初级师范学堂理化教员。该师范学堂共有教员 14 人，其中享有科举功名的士绅 8 人，因军功而取得士绅身份者 2 人。士绅身份的多担任国文、习字、体操教员，而物理、化学、英文等科目的教员多由有新式教育背景的师范学校毕业生担任。详见表 11。

表 11　天津河间合办两级师范学堂职员表 ②

职任	姓名	履历	修金	课程	时限	就职年月
监督	胡家祺	举人，速师毕业	七十两	伦理法	四小时	光绪三十一年四月
监学兼教员	辛寿培	附生	三十两	图书 习字	六小时	光绪三十一年八月
监学兼教员	王大昕	附生，高等学堂毕业	二十两	算学 物理	十四小时	光绪三十二年正月

① 宣统元年直隶教育统计图表 [A]. 保定市教育局史志办公室 . 保定教育史资料类编 [Z]. 石家庄：河北人民出版社，1990：274.

② 天津河间合办两级师范学堂清册 [J]. 学部官报，1907（42）：496.

（续表）

职任	姓名	履历	修金	课程	时限	就职年月
教员	小幡勇治	高等师范学校毕业	三百元	物理 化学	三十小时	光绪三十一年四月
教员	熊泽文吾	师范学校毕业生	七十五元	歌唱 手工	二十小时	光绪三十一年十二月
教员	陈钟年	科学馆肄业生	一百两	物理 化学	三十小时	光绪三十二年十一月
教员	王用熊	廪膳生	三十六两	代数 英文	十五小时	光绪三十一年五月
教员	杜彭年	北洋水师学堂卒业生	四十元	英文	十二小时	光绪三十三年正月
教员	王树昌	廪膳生	四十五两	国文 教育 地理 文学	二十小时	光绪三十一年五月
教员	周学彬	附生，速师毕业	二十两	教育 历史	十小时	光绪三十一年七月
教员	朱士珍	附生	二十两	国文 改正	二小时	光绪三十二年七月
教员	张雨常	附生	二十两	国文 讲文	四小时	光绪三十三年正月
教员	张玉斌	日本音乐体操会毕业生	十五元	唱歌 兼附小学	四小时	光绪三十一年十月
教员	张万清	五品军功	十元	兵式操	六小时	光绪三十一年五月
教员	高兴昌	五品军功	十元	兵式操	六小时	光绪三十一年五月
司事	吴兆兰	监生	二十元	会计		光绪三十一年四月
司事	魏家彦	监生	十元	誊写		光绪三十一年四月

作为地方社会的文化精英及新学的倡导者，士绅阶层任职直隶省各师范学堂教员，传播新思想新知识，对提高直隶省师资水平、改善教学方法具有重要作用。如唐山滦县士绅裴廷楹，于宣统初年（1909）游学天津，专攻小学单级教授之学。辛亥年（1911）冬，由天津返回乡里，即任县单

级师范传习所所长，为诸生昕夕讲解，矻矻不休。小学教师经廷楹指导，咸知以新法教授，县内教育因之一振。[①] 在当时师资紧缺的情况下，选派士绅为师范学堂教员能够在一定程度上弥补晚清师范教育发展的不足。而士绅任职师范学堂绝非个别现象，尤其是直隶省各属初级师范学堂的教员大都为科举出身的士绅，其中举人 3 人，贡生 3 人，廪生 20 人，附生 40 人，增生 9 人，其他人员 19 人，详见附录 5。

直隶省师范学堂的发展离不开士绅阶层的广泛参与，士绅阶层通过创办师范学堂及担任师范学堂教员，为直隶省培养了大批优秀人才。在师范学堂培养的学员中，有不少直隶各地的士绅，他们进入师范学堂学习新知识、新文化，毕业后从事教育工作。

> 邢台新河县士绅吴永培，字弼忱，孙村廪生也，义气过人，家寒，素勤学不倦……清末学堂兴，乃肄业于北洋师范学堂，卒业后任本县高级小学堂堂长，对学生诱掖奖劝，处职教则恭仁温良。[②]
>
> 邢台清河县士绅朱桐江，字荫波，性沉毅恭俭，以清廪生毕业于保定师范，光绪三十二年充本县高小教员，后改充校长，计任事凡有十年，毕业学生二十班，三百余人。[③]
>
> 衡水景县士绅马景芳，字香芹，文庠生，直隶师范学堂毕业，曾充故城县高小教员及本县龙华高小校长。[④]

处于发轫时期的师范教育，尽管存在诸多不足之处，但它在晚清取

---

① 袁棻等．滦县志（卷十二）[Z]. 民国 26 年铅印本：25.

② 傅振伦等．新河县志（第四册）[Z]. 民国 18 年铅印本：43.

③ 张福谦等．清河县志（卷十一）[Z]. 民国 23 年铅印本：32.

④ 张汝漪等．景县志（卷七）[Z]. 民国 21 年铅印本：55.

得了不俗的成绩。宣统元年（1909），直隶省共有师范学堂28所，其中优级师范学堂2所，初级师范学堂20所，师范传习所6所，共培养学生2040人。[①] 可见，晚清时期直隶省的师范教育虽处于起步阶段，但初步形成了稳定的办学模式和数量可观的师范学堂，为民国直隶省师范教育的进一步发展奠定了坚实的基础。

① 宣统元年（1909）各省师范学堂学生统计表 [A]. 璩鑫圭，童富勇，张守智 . 中国近代教育史资料汇编·实业教育师范教育[Z]. 上海：上海教育出版社，1994：624.

第二节

晚清士绅与直隶社会教育的萌芽

社会教育，主要指学校教育以外的，由政府、个人和民间教育团体实施的，以提高普通民众文化素质为目的，利用和设置一些文化教育资源与机构来开展各种教育活动。“社会教育”一词是在晚清社会大变革的背景下，伴随国外教育译著而传入国内的，众多有识之士认识到可以借此来开启民智。中国古代虽未有正式的社会教育机构及团体组织，但始终注重社会教化，形成“敬德”“重民”“教民”等诸多社会教化内容，对近代社会教育的萌芽及发展产生了潜移默化的影响。

晚清，中华民族面临着前所未有的生存危机。面对内外交困的不利局面，有识之士开始觉醒，认识到只依靠传统社会教化不足以提高国人的文化水平。因此，在废科举、兴学堂、大力发展学校教育的同时，以士绅为代表的各阶层开展以提高国民文化素质为目的的近代社会教育。社会教育的初步兴起，是晚清直隶教育早期现代化起步的一个突出标志。晚清士绅阶层推动直隶社会教育发展体现在两个方面：一是改良社会风气，二是创办各类社会教育机构。

一 社会风气的改良

在晚清新旧教育体制转变过程中，众多有识之士关注着近代社会教育的发展，其中以开明政府官员和士绅阶层的呼吁、宣传最为有力。戊戌变法时期，以康有为、梁启超为代表的士绅阶层认识到社会教育在开启民智、培育新民方面的重要作用，积极倡导社会教育，组织学会、报刊等各种社会教育机构，介绍西方国家社会教育发展状况，对直隶省社会教育的萌芽产生了深远影响。

在众多有识之士的宣传、推广下，直隶省士绅阶层逐渐认识到开展社会教育的重要性，成为兴办社会教育的重要力量。其中，以严修为代表的士绅阶层积极提倡、推广直隶省社会教育发展。戊戌变法失败后，严修离职还乡，在天津兴办学务，希望通过发展新式教育开启民智，挽救民族危亡。他认为“欲强国家，先善社会”，教育“不在造就少数人才，而在造就多数之国民”，要使“全国之人，无人不学”，只有人人接受教育，才能“涤除陋习，造就全国之民”①。这是严修呼吁、宣传及推广直隶近代社会教育的一个重要指导思想。晚清社会普遍的颓风陋习，使严修意识到欲开民智，必须使社会上的每个人都要“为吾身去无形之害，为吾家吾乡吾国造无疆之福”②。因此，严修及众多士绅注重在直隶省开展以革除社会陋习、营造良好社会风气为核心的各项社会教育活动，以此弥补学校教育的不足。

1. 反对妇女缠足的世俗观念

光绪二十八年（1902），严修于天津私宅创办女塾，并亲自创作一首《放足歌》让妇女们传唱，其歌词如下：

---

① 严修，高凌雯等．严修年谱[M]．济南：齐鲁出版社，1990：180-181.

② 严修，高凌雯等．严修年谱[M]．济南：齐鲁出版社，1990：255.

五龄女子吞声哭，哭向床前问慈母。母亲爱儿自孩提，如何缚儿如缚鸡。儿足骨折儿心碎，昼不能行夜不寐。邻家有女以放足，走向学堂去读书。

少小学生向母提，儿后不娶缠足妻。先生昨日向儿道，缠足女子何太愚。书不能读字不识，困守闺门难动移。母亲爱儿自孩提，莫给儿娶缠足妻。①

此歌在当时的天津流传甚广，对革除缠足陋习、提高女性地位起到了重要作用。在严修的倡导下，自光绪二十六年（1900）起，严家女性摒弃缠足的陋习，女性也从此放足，此举对直隶省反对缠足、提高女性社会地位的社会教育活动起到了示范作用。缠足这一严重残害中国女性身心健康的陋习，在中国延续了千余年之久。光绪二十七年十二月二十三日（1902年2月1日），清政府颁布劝诫缠足谕旨，要求缙绅之家婉切劝导各家各户，以期逐渐消除缠足的陋习。此后，全国各地反对缠足的各种活动盛行。1903年1月，士绅刘孟扬在天津创办“独立天足社”，后改为“公益天足社”，“专以劝诫以后的妇女不准再缠足为宗旨”②。其详细章程如下。

公益天足社改订详细章程

一、本社系恪遵光绪二十七年十二月二十三日戒缠足之谕旨，专以劝诫妇女缠足为义务，此外一切地方公事概不干预。

二、本社系经予一人创办，原名独立今改名公益，取于公众有益之义。

① 中国人民政治协商会议天津市委员会文史资料研究委员会．天津文史资料选辑（第25辑）[Z]．天津：天津人民出版社，1983：52.

② 公益天足社改订详细章程[N]．大公报（天津），1903-03-16（2）.

三、妇女缠足之害，人多知之，所以不即戒止者，多虑婚姻之难议也。今本社拟定凡社友皆有彼此代为议婚之责，须择定相当之门户以为两家作伐。

四、愿为社友者，须将姓名、籍贯、住址开具列表，报知本社以便注册，毫无花费。

五、凡为社友者，由本社各发给章程一纸，以便遵守。

六、愿为社友者，虽现时尚未娶妻或既娶妻而尚未生女亦可入社为社友。

七、凡为社友者，其家中妇女已缠足者概置不论，未缠者不准再缠。未成者即速解放。

八、凡为社友者，其一门内将来所生之女永不许缠足，违则由众社友议罚。

九、凡为社友者，其将来为子议婚，总以娶不缠足之女为是。

十、凡为社友者，其将来为女择婿，须从文明典礼，不得有需索重聘之恶习。

十一、凡为社友者，皆当尽其劝人不缠足之义务，以期风气大开，次第断绝。

十二、凡为社友者，有互相纠查之权，如查有不遵守本社章程者，可公同议罚。

十三、其装束或按照北京妇女服饰或南方妇女服饰，悉听尊便。

十四、不缠足之妇女，总以令其读书明理为要，将来本社办女学堂一处以为不缠足之女就学之所。

十五、众社友须每一年聚会两次，以便演说社中各事。第一次在四月间，第二次在十月间。届时本社将日期登报宣告，除社友之居不同地或出外作事不能来与斯会者外，其余本邑诸社友均不得托故不到。

本社设在针市街南阁西小石道胡同南口路西第一门。[①]

刘孟扬在《大公报》上发表了多篇文章，如《妇女缠足不是正道的凭据》《妇女不缠足不是学外国女人》《缠脚的妇女多受脚的累》等，介绍缠足陋习的罪恶历史，痛陈缠足的种种危害，引导并鼓励妇女改变缠足陋习。光绪二十九年十二月十二日（1904 年 1 月 28 日）晚七点半，刘孟扬受青年会总董格林的邀约，在城内普通学堂演说公益天足社之宗旨，“是晚来堂听讲者百数十人，先由格林君演说是日聚会之意，次由刘孟扬氏演说缠足之弊害及其劝导之法”[②]。此外，刘孟扬将妇女缠足与民族兴衰、国家前途联系起来，联合王劭廉、林兆翰、陈恩荣、张寿春、李金藻、王用熊等天津士绅上书资政院，希望通过政府强制法令与士绅劝导相结合，摒弃缠足恶习，改良社会风俗，以改变国家贫弱的状况。

窃查妇女缠足之害积久相沿，败德亏体，民种流于孱弱，邻国恣为笑谈，其于全国利害关系至巨…… 以少数缙绅劝导多数颛愚，无识之氓终恐难于普及。是以虽历十年之久，实行不缠足者人数仍属寥寥，其余率皆习故蹈常，罔知悛改，推原其故，或借口艰于议婚，或执意安于守旧。朝廷既未颁严切禁令，则缙绅之劝导，虽唇焦舌敝，听者置若罔闻。若不设法挽救，恐再阅十年、二十年亦无廓清锢习之望……沿旧已久之敝风必借法令强制之实力，妇女缠足之害如能一面请朝廷颁发禁令，责成地方官切实奉行，一面由士绅竭力劝导，俾全国人民皆知此害在所必除，无所容其瞻顾……以崇国体而正民风。[③]

---

① 公益天足社改订详细章程 [N]. 大公报（天津），1903-03-16（2）.

② 演说纪盛 [N]. 大公报（天津），1904-01-30（2）.

③ 津绅为请禁缠足事上资政院书 [N]. 大公报（天津），1910-09-27（9）.

由于公益天足社积极宣传不缠足活动，其组织规模和社会影响日益扩大。1903 年 3 月，公益天足社社友有 20 余人，到 4 月时便有社友三四十人，另有张蔚臣等人在天津河东十字街设立天足分会，自称“公益天足社支部”，社友达 20 余人。① 至 1905 年，公益天足社创立已有两年多，入社者达到 130 多家。② 公益天足社对女性不缠足的积极宣传，加之借助刘孟扬《大公报》主笔的便利条件，使妇女戒缠足活动取得了积极的效果。

2. 反对赌博、吸烟等社会恶习

清末赌博与吸烟在民间十分普遍，这种陋习有害于国民健康，亦对社会的发展不利。直隶省屡次出现因赌博而遭遇非命的不幸事件，如天津县景某、尹某皆系因赌债逼迫毙命，津埠赌风日炽其为害不亦大哉！③ 为此，直隶总督命令巡警总局及各区局严格禁查一切大小赌博。而士绅阶层作为地方事务的重要参与者，对禁赌、禁烟事宜倾力支持。如天津县附生刘宝廉向该县南段巡警总局禀请严禁赌博，以励薄俗而端风化。刘宝廉认为，“赌博一事小则废时失业，大则败产倾家。近今风尚所趋，凡遇喜寿各事无不聚集亲友为麻雀牌之戏，其他如抽签、押度亦足诱入迷途，贫者因负赌债流为窃盗，贻害匪轻。现虽禁令森严，而巨室深宅及僻静之地未必能搜索尽净。刻值新年在迩，学堂、工场均已放假，设有不法之徒私设上赌具引诱青年，败坏前途，关系实非浅鲜，可否仰恳饬知各区巡警，无论抽签、押度及一切赌博一体严查禁阻，俾励薄俗而维风化”④。

天津士绅严修对赌博和吸烟的危害认识颇深，他认为清末有三种陋风

① 纪天足社 [N]. 大公报（天津），1903-04-01（2）.

② 公益天足社刘孟扬敬告众社友 [N]. 大公报（天津），1905-05-31（3）.

③ 因赌毙命 [N]. 大公报（天津），1907-02-04（3）.

④ 禀请严禁赌博 [N]. 大公报（天津），1908-01-26（3）.

恶习危害国民、阻碍社会进步，即“麻雀牌”“彩票”和“纸烟”，其中，吸纸烟的不良风气在清末的直隶社会中最为普遍。“惟此纸烟，无贵贱贫富，无文野，无智愚贤不肖，靡然而风向，恬然而不为怪”，而吸纸烟所带来的危害更是惊人，“其传染之易，流毒之广，较鸦片烟初入中国时，殆十倍百倍不止，何其祸之烈也”[①]。人们通常认为吸烟、赌博是自己的一种喜好，然而一旦上瘾，将对社会发展产生负面影响，因此需要在全社会宣传其危害，坚决戒除。为防止学生步入歧途，严修在其主持开办的南开中学堂中，对沾染吸烟、饮酒、早婚、赌博、嫖妓等陋习的学生予以严惩。严修深知，如果不改良社会风气，革除封建陋习，净化社会环境，学校教育将受到严重制约。

此外，天津《大公报》刊载了多篇文章，如《叹津俗（戒赌）》《振兴中国禁烟尤宜禁赌说》《论中国之赌风》等，以宣传赌博、吸烟的危害，倡导民众戒掉这些陋习，改善社会风气。现选取其中一篇片段，以观直隶省对禁赌、戒烟的重视。

振兴中国禁烟尤宜禁赌说

二十世纪之天下，一富强竞争之天下也。国不富则贫，贫则何以能立国；不强则弱，弱则何以能存处天演之场。优胜劣败几成定例，万无可违。我国之病弱患贫也由来已久，初尚粉饰补苴，鲜能瞰破。洎乎庚子祸起，庐山真面乃始尽。见当日满目疮痍之状，迄今每一回首，犹觉其景其情宛然如昨事。后朝廷痛定思痛等抱病之求艾，亟尝胆而卧薪，发愤为雄，励精图治，举凡维新要政能日进于富强者，诏令内外臣工次第施行，毋稍玩忽。然欲进富强而或昧乎富强之由，则富强必不能致。查中国所以未能富强，终不免于贫弱者，厥故甚多，

① 严修，高凌雯等，严修年谱[M].济南：齐鲁出版社，1990：254.

而究其种因所在，则莫如鸦片烟一物。夫鸦片流毒，何可胜道，几于三尺童子，无一不晓。吸烟之人，大抵抛弃时光，荒误营业……洋烟为物，吸之戕身伤财，其害本不胜言，禁之则以强种者强国，以富民者富国，贫弱之患自卜可免。

然舍烟而外更有所谓赌者，其害与烟相近，其祸较烟尤烈，较欲悉数之不可胜数。今只举一麻雀牌而言，其余凡类此者无不可以想见。夫麻雀牌之废时旷业，尽人皆知，无待吾之置喙，而其伤人气体、损人精神并不亚于鸦片。试观四人拈座之余，南北东西，各当一面。四圈了后，复行拈座。有议定十二一圈或十六圈者，有议定二十四圈或三十二圈者，既卜其昼，更卜其夜，通宵达旦，愈接愈厉，似此酣战不止，头脑为之昏眩，筋骨为之酸痛，甚至本来面目，竟然改观，欲得复元，非经数日休养不可。赌之伤人，其害若是然，吾谓此尚个人之害，甚小甚轻，于关系普通之利益无甚妨碍，禁不禁本在无足重轻之列。最不能忘情者，即此麻雀牌之为输赢，或么二或二四或三六，价码之大小不一，或一色或三元或四喜，满贯之多少各殊。总之一场之赌了圈结账，输者动辄数十金或数百金不等，耳闻京津一带麻雀牌赌风，北方较南方更劲……任霍虽至数千金，毫无顾惜。当此库款支绌，物力维艰之际，国家各色新政均待措施，部臣以计无所出，想入非非……窃以为是宜严申禁令，着各省督抚司道通饬各府厅州县，一体出示晓谕，凡民间有三五聚赌、不务正业者，一律从严惩治，其有设赌串骗或借赌抽头者，一经告犯或被觉察，均科以应得之罪。至于官场及衮衮诸公，尤当派人明察暗访，或着言官随时奏参。如有犯此赌病者，立交部议，或停俸或罚金，判以应得处分，倘过后执迷不悟，仍蹈覆辙，大可革职罢退，以为不守官箴者。①

① 振兴中国禁烟尤宜禁赌说[N].大公报（天津），1908-09-05(2)，1908-09-06(2).

3. 倡导新剧运动

严修是天津近代教育的重要创始人，也是个戏剧爱好者，他认为“剧本加以改良，其功效不下教育”。也就是说，改良的戏剧可以起到社会教化的作用，可以开启民智、移风易俗，是一种有效的社会教育形式。严修非常注重通过改良戏剧来教化民众，无论是鉴赏、评审、编剧，还是现场排演，他总要抽时间参加。早在光绪三十二年（1906），严修就邀请天津著名教育家张伯苓、韩恂华等人共同参演《箴膏起废》一剧，此剧后经改良成为南开学校和南开大学的一个传统特色话剧剧目。光绪三十一年十二月初九（1906年1月3日），通州留日学生潘子寅因朝鲜灭亡而自杀明志，留下遗书向清政府陈述国政。严修得知其事迹后颇受感动，请著名教育家李琴湘先生将此事改编为戏剧，以教化大众。[①] 辛亥革命前夕，严修推动成立的“戏剧改良社”，成为改良戏剧、移风易俗的重要阵地。在严修的宣传推广下，天津成为晚清新剧的重要发源地之一，为发展社会教育起到表率作用。

士绅阶层主持的改良社会风气的各项活动在晚清的直隶省产生深远影响，深受开明人士与地方政府的支持与赞赏，因而在直隶省形成了以反对妇女缠足、禁止赌博与吸烟、推广新剧为核心内容的社会教育活动。在直隶各属中，天津是直隶近代社会教育的重要阵地。在清末新学制颁布后的一段时间里，天津的社会教育发展成效显著，冠于直隶，居于全国前列。

---

① 中国人民政治协商会议天津市委员会文史资料研究委员会．天津文史资料选辑（第25辑）[Z]. 天津：天津人民出版社，1983：37.

二　各类社会教育机构的创办

19 世纪末 20 世纪初，清政府推行新政，在废科举、兴学堂、发展学校教育的同时，鼓励各地方政府设置社会教育机构，发展社会教育以开民智、育新民。在士绅阶层的广泛参与下，晚清直隶省的社会教育机构相继涌现并逐渐发展，其中影响较大的有字母学堂、宣讲所和阅报处。

1. 字母学堂

字母学堂是晚清直隶省社会教育的重要机构之一。其创办人为直隶宁河县士绅王照（1859—1933）。王照字小航，号芦中穷士，又号水东，光绪二十年（1894）考取进士功名，曾任礼部主事。光绪二十四年（1898），因戊戌变法失败，被迫流亡东瀛。光绪二十六年（1900），王照潜行回国，隐居乡里，潜心研究汉语拼音字母。他将汉字的偏旁部首与日文中的假名相结合，编订了五十声母、十二韵母及四声的符号，创造“官话字母”，在天津出版《官话合声字母》，为我国文字改革史上的一大创举。光绪二十八年（1902），在宛平士绅王璞、管学大臣张百熙、著名教育家吴汝纶和天津士绅严修的支持下，王照编订的《官话合声字母》得到广泛关注与认可，并逐渐发行、推广到全国。随后，王照在直隶省城保定、天津及京城等地设立官话字母学堂及书报社，宣传推广官话字母。在他的努力下，直隶学务处认识到推广官话字母对普及教育的重要性，要求全省推广官话字母。光绪三十一年（1905），严修任职直隶学务处督办，执掌直隶全省学务，通令全省启蒙学堂传习官话，并于天津设立简字学堂，支持王照创办《拼音官话书报》。《拼音官话书报》社在开办的第一年即得年经费白银一千三百两。①

直隶省地方官员与士绅阶层积极响应学务处的号召，创建官话字母学堂，推广官话字母。如通州士绅候选县丞闫莘耕等为开通风气，禀请直隶提学司设立官话拼音字母学堂以招生教授官话字母②；滦县士绅宣培祐（生员），假忠孝祠创办官话字母学堂③；昌黎县官立高等小学堂董事举人董光照、司事监生杨玉书等人集资立学，于该学堂饭厅创立公立拼音字母半夜学堂，教授拼音字母。他们认为中国文字符号繁多，下流社会半多不识，中年而后就学尤难，农商工业之不能发达者，率坐此病，此拼音官话字母一书所以为开通民智之要务也。④ 该高等小学堂由教员提倡捐款，集资一百数十吊，以为铅笔、纸张、灯油、月报之费，于晚七点至十点钟轮班教授，即所谓公立拼音官话字母半夜学堂。这一公立拼音官话字母半夜学堂于1906年4月15日开学，在高小饭厅上课，至4月29日已毕业一班，毕业学生均能阅报、写信。当地民众踊跃报名参加，讲堂为满，开化启蒙显有成效。该县县令认为该学堂对普及教育意义重大，“辗转传授，定能畅行”，并提请直隶总督袁世凯为公立拼音官话字母半夜学堂立案。⑤ 昌黎县公立拼音官话字母半夜学堂立案章程如下。

昌黎县公立拼音官话字母半夜学堂章程

一、本学堂捐款均由本人乐输，并非摊派，所有银钱皆有另账存

---

① 阎国华，安效珍．河北教育史（第二卷）[M]. 石家庄：河北教育出版社，2003：192.

② 就近商办官话拼音字母学堂 [N]. 大公报（天津），1908-05-29（2）.

③ 袁棻等．滦县志（卷八）[Z]. 民国26年铅印本：49.

④ 昌黎县详高等小学堂教员司事公立拼音官话字母半夜学堂请立案文并批 [J]. 北洋官报，1906（1093）：4.

⑤ 昌黎县详高等小学堂教员司事公立拼音官话字母半夜学堂请立案文并批 [J]. 北洋官报，1906（1093）：4-5.

储，开销不与官立学堂相混。

二、本学堂以开通民智为宗旨，另订《拼音官话报》二份以备学生考证。凡由学堂毕业者均准随时到饭厅取阅，外人仍不得擅入。

三、本学堂系为下等社会人识字起见，恐日间无暇来学，特设半夜学堂。先置买保险灯二件，洋油一箱，以备教授之用，用完再买。

四、本学堂先置买铅笔一百支，洋纸二刀。凡入学者每人给铅笔一支，纸本一册，以便肄习，并为毕业后传习，底本兼给拼音、历史、地理各一册。

五、本学堂教授拼音均系轮尽义务，不收分文学费。一切茶水等物全由学堂备办，所捐款项除现在开销外，余剩留备下班，不足再由学堂中人随意捐办。

六、外乡有愿分设拼音学堂者，可到本堂演习教法。如由本堂认可，亦准住宿学习，毕业并送拼音官话书一本。

七、本学堂只能教在城农工诸人，不能远及。半月毕业，计不半年便可教完。如日后无人可教时，即改为初级，半夜学堂以教童蒙并无停止。①

在王照等士绅及直隶各地方政府的宣传和推广下，创办字母学堂、推广官话拼音字母的社会教育实践在晚清直隶省及其周边的晋、鲁等地，乃至全国其他地区产生了深远影响。例如，山东留日学界在山东省城济南创办一白话报，筹集有数千金出版发行。他们在日本开会讨论预备立宪和教育普及问题，认为中国文字繁难，亟须推广官话以开民智。“中国现值预备立宪时期，急宜教育普及，俾人民皆能识字行文，具有普通智识，方可

① 昌黎县详高等小学堂教员司事公立拼音官话字母半夜学堂请立案文并批[J].北洋官报,1906（1093）：5.

收立宪国之成效。但因我国文字繁难，言文不能合一，加以方音复杂，虽读书数年而叩以音义，竟莫知所对，合之语言终不能书一字，故兴教育者莫不深以为憾。自官话字母创出，若能推广普及，洵于教育收效匪浅。”[①]山东留日学界前经掖县邱君在日本购定字母及印刷机器，欲编成教科书以备小学教授之用，彼时尚未出版，故先创办白话报，中列汉字，旁注字母，仿日本新章程，以推广官话、普及教育。[②]

1904年《东方杂志》第12期对直隶省推广的官话字母运动给予了高度评价，“将来大河南北皆能扩充，即可用此体字编成一切俗话之书报，于开通风气最为有益”[③]。总之，士绅创办字母学堂是直隶省社会教育活动的重要内容，有助于识字和统一读音，推动了清廷决定用官话统一全国繁杂的语言，为日后汉语拼音方案的制定、推广奠定了基础。

2. 宣讲所

宣讲活动是一种重要的社会教化手段，被广泛采用于晚清直隶省的各式社会教育活动中。宣讲所是依据《奏定劝学所章程》有关“实行宣讲”规定而设立的。直隶省广泛设立宣讲所，向民众宣传新思想和新文化。通常每个宣讲所设主任讲员二人，义务讲员二人。宣讲所经费全部来自民间热心人士的捐款，听讲者免费听课，不用缴纳任何费用。[④]宣讲员将时事评论、社会风俗改良等内容与当时人们日常生活中的所见所闻结合起来，进行宣传，以达到提高民众文化素质、树立新的社会风尚的目的。例如，保定宣讲所于光绪三十三年五月十二日（1907年6月22日）晚八点钟在

① 字母白话报之成议[N]. 大公报（天津），1908-12-13（6）.

② 字母白话报之成议[N]. 大公报（天津），1908-12-13（6）.

③ 各省教育汇志[J]. 东方杂志，1904（12）：279.

④ 阎国华，安效珍 . 河北教育史（第二卷）[M]. 石家庄：河北教育出版社，2003：193.

大慈阁内演试农业主题电影，宣传农务。该所为发展农务起见，其所演之电影均系农务事宜，晚往观者实繁。①

晚清士绅阶层对直隶省宣讲所的创办以及宣讲活动的开展十分热心。天津县士绅林墨青（1862—1933），字兆翰，25岁入县学，取得附生功名，热心地方学务，于天津开展各项社会教育活动。林墨青认为学校教育要与家庭教育以及社会教育相结合，才能取得良好的成效。因而，自光绪三十一年（1905）起，林墨青便把主要精力放在发展天津社会教育事业上。1905年，他在天津设立四个宣讲所，即“天、西、地、甘”宣讲所，其地址分别在东马路的天齐庙、西马路、河东粮店街东的地藏庵、北大关的甘露寺。林墨青每晚派人在所里宣讲，包括读报纸、讲故事、宣传好人好事、灌输科学知识。②现列东马路天齐庙宣讲所规则一则，以此可观宣讲所之宗旨、功能与民众听讲流程。

天津宣讲所规则

一、本所首重圣谕广训，凡遇宣讲之时，听者当肃立致敬，不得懈怠。

二、本所仿各国通俗演说之例，以转移旧俗为宗旨。

三、本所聘定主讲先生，每晚共讲四段，若有特别演说之人，主讲者即可休息。

四、每晚自八点钟开讲至十点二刻钟停讲，中间每讲二刻休息十分钟，讲者、听者幸勿愆时。

五、听讲之时不得接谈，以防乱人听闻，即休息之时亦宜敬肃，

---

① 宣讲所演试电影[N].大公报（天津），1907-06-27（3）.

② 中国人民政治协商会议天津市委员会文史资料研究委员会.天津文史资料选辑（第25辑）[Z].天津：天津人民出版社，1983：64.

放言浪笑皆所宜戒。

六、听讲者总宜郑重其事，正身端坐。

七、每逢休息，茶饮、吸烟、大小便等事宜趁此时，他时不得随意离座。

八、听讲人数不厌其多，量本所地势以能容为度。

九、听讲者无论何等人均可来所，即衣履不整者亦不拒绝，惟妇女请暂缓听讲。

十、凡学堂肄业学生不必来听讲，年在十五岁以内者，无论何人一概免入，惟学生特来演说者不在此例。①

林墨青创办的宣讲所成立后，还注重与天津其他团体合作，开展多种形式的宣讲活动，宣传各种新思想，推动文化发展与社会进步。《大公报》天津版对此多有报道。

天津劝工陈列所于本年正月十八日开第一次演说会，晚七钟半至十钟半仍借东宣讲所内演说工商各项要理，并请张伯苓先生演说实业教育，韩镜启先生演说发电机、蒸汽机工业致用之比较，李子鹤先生演说商业非竞争不能进步，宋则久先生演说商业信用之真谛。②

天津邑绅某某数君刻复组织一筹备宪政纪念会，并约各堂军乐及本埠之著名大演说家定于八月初一日下午假东马路宣讲所开会。③

中国国民禁烟会顺直分会十七日晚在东宣讲所开会（以禁烟为主

① 天津县宣讲所规则 [J]. 北洋官报 ,1906（693）：6.

② 工商演说广告 [N].1910-02-25（3）.

③ 纪念会将开 [N]. 大公报（天津），1910-09-02（3）.

题），请纪管涔、陈蔗圃、宋则久、李子鹤四君演说；十八日晚在西宣讲所开会，请王梦臣、张伯苓、丁子良三君演说。此外，并请宣讲所宣讲员协同讲演。[1]

天津劝学所于本月二十五日（星期六）晚准八点，假东马路宣讲所，特约法国留学生刘荩臣先生符诚演说西洋教育谈并家族组织法、文明结婚之办法、平等自由之真理，洵足以改良社会，转移思想，增长道德与智识。凡我学界同人届时务祈早到为盼。[2]

万国改良会戒烟部于昨初八日晚八钟假西宣讲所开茶话会，到者二十余人，首先提议该会经费应由各发起人酌量捐助，惟入会之人应否乐捐，悉听其便。现在会中经费异常撙节，除笔墨纸张茶水等项外，所有执事人员概尽义务，以免乏款停办之弊，并拟暂借东西南北适中学堂作为报名处，西宣讲所作为总事务所，定于月之十五日晚七钟仍开职员会，以便研究一切进行方法。[3]

天津县天足会于本月十五日下午三时假东宣讲所为会场，首由会长陈蔗圃演说家庭教育。[4]

此外，直隶省其他地区的热心士绅也积极创办宣讲所或担任宣讲员，宣讲新知识、新风尚。

---

① 演说大会广告[N]. 大公报（天津），1910-11-18（4）.

② 来函[N]. 大公报（天津），1911-08-18（6）.

③ 戒烟部近事[N]. 大公报（天津），1911-10-31（3）.

④ 天足会纪事[N]. 大公报（天津），1911-11-14（3）.

保定清苑县士绅吴祖、谢琪、朱廷祯、樊榕等，在大慈阁杨公祠两处各设阅报社宣讲所，主任讲员有王祖祚、张桐，义务讲员有张锡光、陈树楷等，听者人数众多。①

天津邑绅宁君宝泽，拟在该村创办宣讲所并在学堂附设学会，教员、学董担任讲演义务，实行私塾改良方法，以开民智而正教育。②

张家口万全县地方政府与绅董筹度商榷议在本城弥陀寺及张家口之大王庙各设宣讲所一处，任听本处居民入所听讲，招选本邑优廪生马绪熙，每逢三六九日赴所宣讲。③

石家庄井陉县士绅陈畴，字锡九，号芸西，乏驴岭人，清廪膳生，保定优级师范学堂毕业，历充藁城、曲周、张家口获鹿、本邑各高等小学堂教职十余年。又充本邑劝学所所长，宣讲所所长，日报社社长，岗头两级小学校长，对于学校教育、社会教育，鼓舞提倡，不遗余力。④

秦皇岛昌黎县士绅张炳麟，字懿臣，增生，历委闽海关等口税务要差，保升直隶州知州。嗣因母年高，遂回籍佐理叶县尊办警务及宣讲所。

宣讲所是士绅阶层宣传社会新风尚，传播新思想、新文化及科学知识的重要阵地，同时也是晚清直隶省社会教育机构最为常用的形式之一。在士绅阶层的推动下，直隶省的宣讲活动成效显著，对直隶省社会新风气的养成起到推动作用。通过开展宣讲活动，工业、农业、商业、宪政及教育领域的新思想得到推广，缠足、赌博、吸烟等陋习的危害深入人心，对直

---

① 金良骥等．清苑县志[Z]．台北：成文教育出版社，1968：279.

② 准如所请[N]．大公报（天津），1907-05-17（2）.

③ 万全县设立宣讲阅报所禀并批[J]．教育杂志（天津），1906（21）：14.

④ 王用舟等．井陉县志料（卷十一）[Z]．民国23年铅印本：32.

隶省的社会进步具有重要意义。

3. 阅报处

阅报处（阅报社）是晚清政府及开明士绅利用报刊读物来启发民智而创办的一种特色社会教育机构。“凡欲增进国民之程度者必先启发其知识，而启发其知识之道厥有二种，一曰宣讲所，一曰阅报社。”① 在阅报处，普通民众可以阅读到政府及开明士绅提供的各种报纸杂志，借此普及国家政策、文化常识及时事新闻，以补学堂教育之不足。晚清直隶省士绅热心发展社会教育，在直隶各地积极创办阅报处。比如，保定清苑县士绅吴昶、谢琪、朱廷祯、樊榕等在大慈阁设阅报处；② 天津河东义界各绅士为开通民智起见，“拟在该界选择宽敞公地设立阅报社一处，现正极力组织，俟将房舍择妥及章程厘定，后当即实行”；③ 石家庄深泽县士绅、学生合力创立阅报社一处，禀请提学司立案，业经学宪温语褒嘉准予立案，以开民识而益风化；④ 张家口万全县县令与士绅筹商于张家口大王庙各厢房内设立阅报所，筹款订阅《北洋官报》《天津日日新闻》《京话日报》《教育杂志》，交由本城绅董赵荩、张家口绅董陈国谟等管理，民众可在所内自由阅读。⑤ 其章程如下。

万全县阅报所章程

本处设在本城弥陀寺口武城街大王庙内，专备报纸任人观览，此外不涉他事，故以阅报所命名。

---

① 国民程度之一斑 [N]. 大公报（天津），1909-06-20（5）.

② 金良骥等 . 清苑县志 [Z]. 台北：成文教育出版社，1968：279.

③ 开通民智 [N]. 大公报（天津），1911-06-04（3）.

④ 大开民智 [N]. 大公报（天津），1906-10-29（2）.

⑤ 万全县设立宣讲阅报所禀并批 [J]. 教育杂志（天津），1906（21）：14.

阅报宗旨因近办学堂教育不能普及，故设此所，但期地方多一阅报之人即多一晓事之人，便可开通风气，且亦简便易行。

阅报时限自本月二十八日为开办之期，每日夏秋早自十点钟起至晚三点钟止，春冬早自十一点钟起至晚两点钟止，听人入内阅报，并备茶水，不取分文，逾时各散。

室内安设桌凳，阅者任便就座，各报暂备一二分，俟定先后次序传观，阅后仍送原处安放，不可任意抛置或借出外观。

阅报时不可信口吟哦并高声喧笑，任便吐唾。

除阅报外不得在内闲坐闲谈。①

阅报处通过普及文化知识和时事新闻，开阔民众的视野、补学堂教育之不足。直隶各阅报处均备有各种报刊、书籍，民众可以在规定的时间里到阅报处阅报，并可免费享受茶水。民众在阅读过程中如有不明之处，阅报处工作人员负责进行讲解，此举很受民众欢迎。阅报处的讲解对提高民众文化水平、开启民智具有重要意义。

启文阅报社是天津清末成立的一所阅报社，自开办后前来阅读者甚多。候补直隶州知州何朝锦捐助该阅报社洋银二十元，并书楹联一副："不出户庭周知时事，开通世界输入文明。"② 启文阅报社每天晚上七点至八点半为识字无多者讲解字义、报文，与寻常演说有所不同，对报文（无论要义深浅）均用白话演之。每日开讲先解字义，次讲报文，所讲之字均于漆板上写出，以便众人理解。所讲字义有难解者，有易解者。因听讲之人程度不齐，故不能不有所分别。每日讲解报文仅选择对开启民智有益者讲解其中一二段，对于一切浮文泛论概不讲解。听讲者须先报名，自备纸本笔

① 万全县阅报所章程[J]. 教育杂志（天津），1905（21）：14-15.

② 纪启文阅报社[M]. 大公报（天津），1905-07-23（3）.

墨抄录笔记。开讲时听者须沉心静听，不得互相谈话。[①]

谋求教育普及是晚清新式教育活动的重要目标。然而“中国土地之广，人民之众，蚩蚩者氓，安其居乐其业，素不识学问为何事”。一旦欲增进民众文化其程度，全部使生徒进入学校之中接受教育，并不现实，因“经费之无从出也，校舍之不能容也”。完全寄希望于学校教育以开通民智，“其途既甚狭，其效又甚缓，恐九年期限转瞬即逝，而普及之目的终未易达焉。因而需要选择较易收效者，以补教育力之所不逮耶”。开通民智之难，莫难于使之自愿，使之自愿之道殊无过于广设阅报社。[②]因此，士绅阶层参与直隶省阅报处的开办及推广，对传播新知识、宣传新文化以普及教育具有重要意义。

要看一个国家的文明进步如何，先看这一国家的报馆多少。一个国家的报馆若多，这个国家必然民智开通。虽然这不是一定的准则，但清末在士绅阶层推动下而设立的阅报处对推动社会进步意义重大。自庚子以后，清廷锐意改革，直隶及全国各地开设了许多的阅报处，预备各种报章，任人观看，不取分文。直隶人士十分关注阅报处的开办，并给出了相关建议：“第一，要明了宗旨，辨明了邪正，不然虽有热心，恐怕是有损无益，徒劳无补。第二要有始有终，在当时的时代自始而终做好一件事十分困难。”[③]

晚清直隶省社会教育在士绅阶层的参与、推动下，取得了一定的发展。根据民国三年（1914）统计，宣统二年（1910）直隶省有宣讲所176处，宣统三年（1911）有阅报处71所。[④]然而，清政府在推行社会教育的同时，担心民智大开后会威胁自身的统治，“一方面虽为事势所逼，不得不推行

① 启文阅报社晚间讲解字义报文一切规章[N].大公报（天津），1905-07-23（3）.

② 推广阅报社之益[N].大公报（天津），1910-04-02（2）.

③ 敬告立阅报社的诸位君子[N].大公报（天津），1905-07-22（2），1905-07-24（2）.

④ 河北省地方志编纂委员会编.河北省志·教育志[Z].北京：中华书局，1995：539.

教育，另一方面又恐民智开了，于他们权位有妨碍，所以对民众教育，心里终是怀疑”[①]。晚清直隶省社会教育是在清政府这种矛盾的心态下得以推行的，虽然成绩有限，但已初步纳入整个近代教育体系当中，是直隶教育早期现代化过程中不可或缺的一部分。

① 高践四．民众教育[M]．上海：商务印书馆，1933：32.

第四章

晚清士绅与直隶教育早期现代化的个案研究

——以严修为中心的考察

严修（1860—1929），字范孙，号梦扶，别号偍屚生，祖籍浙江慈溪，出生于直隶省三河县。顺治年间，其家族迁居天津，世业盐商。严修幼年入私塾，勤奋好学，先后师从查帖青、孙竹泉、周玉山、沈季平等先生，对传统经学颇有研究。光绪九年（1883），考取进士功名，选庶吉士，三年后考试散馆，授翰林院编修，补国史馆协修。光绪二十年（1894）担任贵州学政，期满后离职回乡。1898年维新变法失败后，严修受到牵连，从此远离官场，隐居家乡发展教育事业。

严修在担任贵州学政的三年里，积极倡导新式教育，身体力行"敦品励学、讲求实用"的教育思想，聘请名师，捐资办学，开创贵州新学之风。他曾奏请清廷开设经济特科，改革科举制度，选拔国家急需的实用人才，是中国近代教育史上的重要创举。戊戌政变后，严修隐居乡里，一心兴办新式教育，是士绅阶层开展新式教育活动的典范。严修在直隶省教育早期现代化过程中的主要教育活动包括三个方面：兴办新式学堂、赴日本教育考察及改革教育行政体制。

第一节

兴办新式学堂

面对晚清社会乱局，严修决心发展新式教育，以图自强。戊戌政变后，严修于光绪二十四年（1898）辞官回津，投身到新式教育活动中，在直隶省直接或间接创建了普通教育学堂、师范学堂、女子学堂等新式学堂，为直隶省近代社会改革培养了众多优秀人才。

一　普通教育学堂

严修兴办初等教育学堂始于1898年的严氏家塾。1898年冬，严修在私宅中设立学馆，聘请北洋水师学堂毕业的张伯苓和故人之子陶孟和教授严氏子弟。教学方式为半日读经书，半日读洋书，课程是当时被称为西学的英文、数学、理化等科目，跳绳、跳高等体育运动也多有涉及。1901年，严修深感严氏家塾难以满足众多求新学者之需求，于是改订先人所设的义塾课程，借老友陶仲明故宅一座，与林墨青共同建立了冬季学塾。[①]

天津在晚清直隶省处于十分重要的地位，津门文化人士多热心公益，于教育事业尤为上心。天津民立第一小学堂是天津最早由民间人士筹资设立的小学堂。1902年，严修从日本考察归国后，与林墨青、赵幼梅、华硕甫、王寅皆等津门绅商商议，于汇文书院旧址创建天津民立第一小学堂，并开设中文、西文、历史、地理、算数、格致等课程。此学堂的创立，在天津初等教育领域具有重要的开创意义，也为晚清直隶省士绅及爱国商人等民间力量兴办新式学堂做出了积极表率。

1903年，在严修和天津著名教育家林墨青的督促下，邑绅卞宝廉、卞世清、张炳共同筹设民立第二小学堂，继续推动天津民立小学堂发展。此外，严修还参与了晚清天津官立小学堂的筹建。1903年8月，在严修的筹划和主持下，天津先后于城隍庙、河北大寺、行宫庙等地成立了第一批官立小学堂。[②]随后，天津相继成立了众多官立小学堂，严修又与周学熙合办直指庵两等官立小学堂，以及在慈惠寺、药王庙、放生院、育德庵、西方庵、玉皇庙、圣慈庵等地陆续创办了17所官立小学堂。[③]这些官立小学堂都是由寺庙、学宫等地方公产改设而成，在一定程度上体现了士绅阶层对地方公产的主导作用。在清末新式教育发展受到经费、师资、场地等条件制约的情况下，一部分新式学堂由寺庙、学宫等传统地方公产改设而成，在一定程度上缓解了新式教育场地紧张的问题，也侧面印证了晚清时期西学对传统文化的冲击。

在中学堂方面，严修、张伯苓等人为实现教育救国的远大理想，于

① 李冬君．中国私学百年祭——严修新私学与中国近代政治文化系年[M]. 天津：南开大学出版社，2004：92.

② 张绍祖．津门校史百汇[M]. 天津：天津人民出版社，1994：113.

③ 李冬君．中国私学百年祭——严修新私学与中国近代政治文化系年[M]. 天津：南开大学出版社，2004：119.

1904年10月，在文昌宫西四棵树严宅偏院内兴建天津最早的中学堂——敬业中学堂（次年改称“天津私立第一中学堂”）。学堂日常经费由严修及邑绅王奎章承担，事务交由张伯苓管理。1906年，邑绅郑菊如先生捐献12亩空地作为学堂的新校址。严修、王奎章、卢木斋、徐世昌、严义彬等人筹集26 000两白银，在南开兴建新校舍。[①]1907年年初，该学堂迁入新校舍，并于同年9月22日召开新校舍落成暨学堂成立三周年纪念会，更名为“私立南开中学堂”。[②]

该学堂的筹备与日常管理获得了众多天津文化名流的支持，首任堂长为近代教育家张伯苓，初期董事由严修、卢木斋担任。他们负责制定学堂章程、筹集学堂经费，确保学堂的教学与管理处于正轨。南开中学堂的筹备、设立及发展与严修的热心教育息息相关，他不仅在学堂成立之初捐献了大量经费，为学堂的正常运作提供了殷实的物质保障，更为难得的是，严修凭借自身的社会地位与个人威望，影响了如袁世凯、徐世昌、卢木斋、王奎章等众多津门官绅，为学堂的建设投资捐款。南开中学堂的建成是严修一生兴办新式教育活动的杰出成就之一，也为民间及社会人士兴办教育树立了榜样，在时代交替的晚清社会变革中具有重要的历史意义。

在敬业中学堂（南开中学堂）的带动下，天津的近代中等教育迅猛发展，在直隶省取得了较为优异的成绩。严修在任直隶学务处督办、掌管直隶近代教育改革期间，开展了多项措施以推动中等教育的发展，如1905年，严修收回法国人在城西如意庵建立的私立中法学堂，并将其改建为如意庵官立中学堂。随后，受直隶总督、北洋大臣袁世凯委托，创办北洋客籍学堂，确保任职于天津的外省籍官员子女能够接受良好的中等教育。

① 天津市教育局教育志编修办公室．天津教育史志资料（第1册）[Z]．天津：1987：39

② 南开大学校史编写组编．南开大学校史（1919—1949）[M]．天津：南开大学出版社，1989：5.

据统计，1911年时的天津共有中学堂9所，小学堂89所。[①] 晚清天津近代普通教育的发展得益于以严修为首的众多天津著名士绅的支持与推动。

二　师范学堂

在兴办新式教育的过程中，严修深刻地体会到直隶省新式教育的发展困境，即师资短缺对新式学堂教学效果的不良影响。为此，他认为欲推动传统教育向新式教育转变，必先培养优秀的学堂教习，而发展师范教育正是兴办各类新式学堂、开展近代教育改革的基础。因此，严修积极发展师范教育、创办师范学堂，以培养充足的师资力量服务于新式学堂的教学与管理。

严修的师范教育实践最早可以追溯到1903年。严修于天津创办教员研究所和教师补习所，为培养优秀教师做了初步尝试。他聘请多名精通新学的文化人士担任教员研究所的讲师，如著名教育家张伯苓、日本早稻田大学毕业生金邦平等，总计十余人。该研究所注重传授西方科学文化知识，开设文、理、法、商等近代课程，以培养精通中西文化的优秀教习。严修十分关心该研究所的发展。在该研究所的教学期间，严修不仅亲自到所内听取各讲师授课，而且十分注重教学效果，时常亲自把关研究所所用教材及各学员的作业。他还将个人珍藏的国内外优秀教材带到教员研究所，请专人进行编辑、校订，作为教员们学习、研究的范本。[②] 严修开办的教师补习所及教员研究所是近代师范学堂的雏形。天津各小学堂的教习聚集于

① 天津市教育局教育志编修办公室．天津教育史志资料（第2册）[Z]．天津：1987：44-47.

② 赵宝琪，张凤民．天津教育史（上卷）[M]．天津：天津人民出版社，2002：176.

此，学习、研究国外课程内容与教学方法，对专业水平的提升帮助极大。

1904年，严修为培养师资、造就人才而设立天津师范讲习所，被认为是直隶省造就师资之发端。翌年，在严修的主持下，天津最早的正规师范学堂——天河师范学堂成立，清末著名士绅、教育家胡家祺担任学堂监督。学堂设有完全科、本科、简易科，讲授教育学及教学法等教育理论，为天津、河间两府培养初等教育师资。① 此后，严修在其建立的私立敬业中学堂附设学制为两年的师范班，以培植师资人才。同时，于家宅内创建了天津最早的“幼儿师范学校”——严氏保姆讲习所，聘请日籍女教习大野铃子，以及张伯苓和南开学堂的其他教习，开设文化课与手工劳动课，专门培养幼儿教育师资。保姆讲习所于1908年停办，在其开办的三年中，共培养了二十余名幼儿教育工作者。②

通过开办师范学堂、培植师资力量，严修不断探索师范教育理论与实践，形成了独到的见解。首先，创建普通师范学堂以培养中小学堂教习；其次，在普通师范学堂中附设讲习班及教员养成所，为在职教师的培训进修创造有利条件；最后，待普通教育取得一定成效后，再兴办高等师范学堂以培养高等师资人才。③ 实践表明，严修的这一师范教育构想适应了晚清直隶省教育发展的实际情况。他注重完善师范学堂的课程设置，力主开设心理学、教育学、教授法等西方教育理论课程，对提高教师的专业水准和教学管理能力具有重要意义。

---

① 天津市教育局教育志编修办公室.天津教育史志资料（第2册）[Z].天津：1987：35-36.

② 天津市教育局教育志编修办公室.天津教育史志资料（第2册）[Z].天津：1987：35.

③ 阎国华，安效珍.河北教育史（第二卷）[M].石家庄：河北教育出版社，2003：125.

三　女子学堂

针对中国封建社会长期存在的男尊女卑的落后观念，严修以教育改革家的非凡勇气打破世俗的偏见，积极兴办女子学堂，倡导女子教育，主张女性具有同等受教育的权利，开直隶兴办女学之先河。

严修在其近代新式教育活动中，注重女子教育与男子教育的同步发展。1902 年，严修首次赴日本教育考察回津后，于家宅内创建严氏女塾。初期入学的学生有严修的女儿、侄女、儿媳、侄媳，以及四姓近亲好友之女，年龄从十岁到二十几岁不等。[①] 为使严氏女塾的教学与管理走上正轨，除严氏家属作为教职人员外，严修还专门聘请来自日本的教习。女塾的具体人员安排如下：严修次子严智怡为国文课教习，并担任主任一职，负责女塾的日常管理；三子严智钟为英文课教习；来自日本的川本为日文和歌唱教习；山口与野崎为手工劳动课教习，教授手工与织布。[②] 严氏女塾的作文课则由严修本人亲自讲授，教育方式为教导式，注重启发学生思想。严氏女塾设置了合理的课程，即每日上午教授缝纫、洗衣、织布等手工劳动课，下午讲授文化课，包括国文、英语、算术、音乐、手工、日语、图画等。可见，严氏女塾形式上虽为传统家塾，但其课程设置则加入手工劳动、外文、算术等实用内容，体现了严修发展新式教育的决心与魄力。

1905 年，严修将严氏女塾更名为严氏女学，在学生生源、课程设置、教学形式和组织管理等方面引进不同于旧私塾的新式教育模式，是一所新式学堂。该学堂分初小（四年）、高小（三年）两部分，由严修的胞妹严淑琳担任学堂监学，负责学堂的日常管理。为了推动严氏女学的发展，严

---

① 李冬君．中国私学百年祭——严修新私学与中国近代政治文化系年 [M]．天津：南开大学出版社，2004：112.

② 赵宝琪，张凤民．天津教育史（上卷）[M]．天津：天津人民出版社，2002：173.

修聘请严氏保姆讲习所毕业生韩升华、韩咏华姐妹为初小教习，直隶文化名流郑趾周、华海门、戴育三、张星六等为高小教习，教授国文、英文、日文、数学、理化、史地、音乐、图画等课程。[①]严氏女学不仅向学生传授文化知识，而且教授纺织、缝纫等手工劳动课，体现了文化知识与生产劳动相结合。严修创办的新式女学，是直隶女学之发端，也是全国最早的女学之一，为直隶省及全国女子教育的发展奠定了基础。虽然严氏女学只是发展女子教育的初步尝试，但在重男轻女的封建社会，严氏女学的创办，对于提高女子社会地位具有重要的开创意义。

① 天津市教育局教育志编修办公室．天津教育史志资料（第2册）[Z]．天津：1987：25．

第二节

赴日本考察教育

19 世纪末 20 世纪初，在西方列强的侵略与“西学东渐”的影响下，中国的有志之士逐渐觉醒，认识到欲使国家富强、民族振兴，必须改革传统教育制度，发展近代新式教育。彼时国人对西学的接触较少，欲发展新式教育须借鉴国外的成功经验。为此，众多开明人士远赴他国，学习、考察国外先进的教育模式。20 世纪初，严修在教育救国思想的影响下，先后两次远渡日本考察教育。

1900 年八国联军侵华战争的爆发，以及次年《辛丑条约》的签订，使中国人民深陷战争之苦。严修亲身经历了 1900 年 6 月八国联军侵入天津的战乱，深刻感受到这是一场比鸦片战争、中法战争、甲午中日战争等战役更加惨烈的民族灾难，领悟到仅仅依靠传统教育无法挽救民族于危难之中，唯有普及国民教育、开化民智，引进国外先进的办学理念、教学方法以发展近代新式教育、培养实用人才，方可实现教育救国的伟大理想。从传统教育的养士到新式教育的培养专门人才，严修的教育思想经历了突破性的变化，他从传统教育改良派转变为近代新式教育的先行者。然而，严修虽有开展教育变革，发展新式教育的决心，却缺少相关的实践经验。

为此，严修决定亲自到海外考察学务，借鉴先进国家成功的办学经验，以寻求开展新式教育活动的有效模式与途径。

在赴日本考察之前，严修给好友徐世昌去信，希望其能够将自己对国家教育事业的担忧和想法转告时任直隶总督兼北洋大臣袁世凯，以取得袁世凯对天津教育界的支持。这封信非常详尽地说明了严修赴日本之行的动机与目的，其内容如下。

吾津指日交还，百废待举，以袁少保之魄力规模之远，殆非浅人所能窥测。惟鄙见所及，有最急之事。吾华人才之乏，夫人而知之。学堂之当立，而蒙学为尤急，亦夫人能言之。然而教习既难其人，管理又无其法。近日津人颇有捐建义塾者，然欲得三五良师，竟不可得，其窘可知。弟愚以为亟遣通敏之材赴日本师范学堂学习教科诸法。学成而归，专为管理学堂之用，庶不至扣槃扪埴，劳而鲜隔。

（吾津）蓄此志者颇有其人，然牵于内顾，不能如愿，弟以为非厚筹津贴不可。以鄙见断之，每年游费五百金，安家费五百金必不可少。能得高材一二十人，岁费不过一两万金，为时不过一二年，便有莫大之实效。吾乡志士如王寅皆、刘筑生、李芹香、赵体仁诸君子，皆出色当行之选。其稍降于是者，更不乏人。远游弟不能遍知，设使毅然愿往，弟决其不虚此行也。（中或有愿学速成科学者，亦不妨各听其便，要之以师范为主）此关系人才命脉。我哥若为少报言之，于吾邑开其先，他省必有效慕之者。湖南虽派十二人，然每人岁给四百元，如此省，稍高材者必不入选。弟行期已近，未能待袁公面陈，我哥试一言之。袁公到津后，尽可访王寅皆中翰面为商酌。寅皆通澈而敏谕，吾津人之巨擘也。[①]

严修选择日本进行教育考察，有着特定的原因。中日两国一衣带水，同属东方文明下的典型国家。日本自明治维新始，引进西方的科学技术与文化，开展各项社会改革，国力迅速上升。1894年，中日甲午战争爆发，中日两国海军激战于黄海海面。洋务派代表人物、北洋大臣李鸿章建立的北洋舰队在威海卫战役中全军覆没。清廷在战争失败的事实面前不得不签署丧权辱国的《马关条约》，中国半殖民地化程度大大加深。中日甲午战争给中华民族造成难以磨灭的创伤，众多有识之士深刻地认识到中国与日本的差距，一些开明士绅如康有为、梁启超开展维新变法，号召学习日本明治维新的成功经验，以振兴国家。作为晚清时期的一名开明士绅，严修对日本的崛起有着深刻的认识，他认为日本明治维新的各项社会改革，尤其是教育改革，是日本国力强盛的原因所在。为此，他决定以日本为师，将日本作为学习西方教育制度的窗口，先后两次赴日本考察教育。

1902年至1904年间，严修曾两次东渡，对日本各学校的课程设置、教学方法、行政管理等内容进行了详细考察，涵盖了普通教育、师范教育、女子教育等多种教育形式。

1902年七月初七，严修在其子严智崇[②]、严智怡[③]的陪同下开始了第一次赴日本教育考察。在去日本东京的船上，友人松永祐向严修简单介绍

---

① 严修.严修往来信札[Z].河北大学图书馆馆藏书信粘存本，馆藏号：561293，转引自罗容海.士与近代教育转型：以严修兴学为中心的考察[D].北京：北京师范大学博士学位论文，2012：153.

② 严智崇（1879—1918），字约冲，天津人，严修长子，留学日本。曾任民政部主事，驻日公使馆秘书，1918年病卒于东京。

③ 严智怡（1802—1935），字慈约，天津人，严修次子。毕业于日本东京高等工业学校应用化学科。1915年任农商部团长，1917—1922年任直隶省实业厅厅长，1928年任河北省政府委员兼教育厅厅长。

了日本学校教育的情况。当时日本小学学制四年，开设习字、作文（造句）、读书（读本）、地理、历史（日本、万国）、算术、理科（格致）、修身（忠、孝、勇、爱国等）、体操、唱歌等课程；高等小学学制两年或四年，完成高小的人可以进入师范学校继续学习；中等学校五年，高等学校三年，大学校普通三年、法学四年、医学五年；大学分法科（法律、政治）、农科（牧畜、山林、农）、文科、工科（机械、土木、电气）、医科（医、药）、理科。①抵达日本后，严修与日本友人岩谷博士②就教育问题进行了深入交流。另一位日本友人伊泽修二③推荐了可详细考察的学校，详情如下。

一、东京府寻常师范学校，在赤坂区青山北町五丁目，其校长泷泽菊太郎，伊泽君之弟子也。一、富士见小学校，在麹町富士见町五丁目二番地。一、渡边学校，在小石川区音羽町九丁目，师范学校适中者也。富士见，最精者也。渡边，规模稍狭者也。

又言，现时别有义塾，但课习字及珠算者，寒家力不能读书者多就学焉。有一老儒授读，每生徒一人日奉文六钱一枚为修金，即其俭陋可知矣。④

---

① 严修著，武安隆、刘玉敏点注 . 严修东游日记 [M]. 天津：天津人民出版社，1995: 16-17.

② 岩谷孙藏（1867—1918）：法学博士，佐贺人。毕业于东京外国语学校。留学德国学习法律，曾任京都大学教授。受聘于京师大学堂仕学馆总教习，并曾参与 1912 年中华民国法典的编制。

③ 伊泽修二（1851—1917）：号乐石。大学南校毕业，曾留学美国，历任爱知师范学校校长、东京师范学校校长、东京音乐学校校长、东京高等师范校长等职。长于音乐教育，著有《东亚普通读本》《同文新字典》等。

④ 严修著，武安隆、刘玉敏点注：严修东游日记 [M]. 天津：天津人民出版社，1995: 62-63.

严修两次日本教育考察的重点均为普及教育与实业教育，这与中国的国情及严修本人的兴趣密切相关。晚清政府统治下的中国社会危机四伏，亟须开启民智，提高国人的文化水平。为此，以严修为代表的开明士绅主张发展新式教育，尤其是大力发展普及教育，在最大限度内让尽可能多的人接受教育。日本自明治维新始，大力发展义务教育，国内教育普及程度较高。日本对义务教育有着非常严格的规定："民家生子女必报役所，至入学年之年则察之，不入学者罚"[①]，对于的确不能入学者"必使习一业"，对于非学校出身而学识程度与之相等者，经文部省应试合格亦可以授予博士。[②] 由于严修此次赴日考察由其个人出资，可以按照自己的兴趣自由选择考察对象，从严修所写的《东游日记》来看，严修着重考察了日本各类小学校和幼稚园。日本义务教育的高度发展对严修触动很大，为其日后返津开展新式教育活动提供了宝贵借鉴。同时，严修参观考察了日本的师范学校、中学校和大学，并对弘文学院、同文学院等速成教育给予了特别的关注。

此外，严修还对日本的实业教育进行了考察。严修认为，以农业立国，往往重物产而轻工艺，然而当今世界，非商战不能立国，而商战必恃工业，依靠农业，"天产虽富而不讲工艺"，仅为原料输出国，"所伤实多矣"。[③] 明治维新引进西方先进的科学技术与文化知识，并设立众多工业学校，为日本的崛起培养了大量工业人才。现简要列举严修第一次日本教育考察各类学校情况，如表 12 所示。

---

① 严修著，武安隆、刘玉敏点注：严修东游日记 [M]. 天津：天津人民出版社，1995：40.

② 严修著，武安隆、刘玉敏点注：严修东游日记 [M]. 天津：天津人民出版社，1995：40.

③ 严修著，武安隆、刘玉敏点注：严修东游日记 [M]. 天津：天津人民出版社，1995：158.

表 12　1902 年严修第一次日本教育考察各类学校简表

学校名称	时间	考察内容
清语学校	七月廿四日	发表演说，勉励学生数语
汎爱幼稚园	八月初一日	观幼童唱歌环走，步伐齐整
爱珠幼稚园	八月初一日	观摩板排、系方、折纸、画方、箸排、积木、环排等课
育英高等女学校	八月初二日	观摩体操、图画、读书、唱歌各室教学，学生额八百人，年岁自十一至十四
清水谷女学校	八月初二日	观摩理科、英文、数学、图画、裁缝各科教学
成城学校	八月初七日	与教习官陆军步兵少佐曾我千三郎君晤谈
同文学院	八月初八日	晤其干事员田锅安之助，监督水谷君；参观讲堂、学舍
清华学校	八月初八日	晤清华学校理科讲师陈乐书
外国语学校	八月初十日	访吉田义静君未遇
养育院孩童室	八月十二日	分学龄以上、以下，有女子剪采室、炊室、食堂；观孩童唱歌，女师授聋哑人读
富士见小学	八月十五日	晤其校长山崎彦八君，设附属幼稚园，观摩有病室、器械标本室、图书室
东京高等师范学校	八月十八日	设本科、研究科、专修课、选①科；设物理机械室、化学室 、图书纵览室
女子高等师范学校	八月十八日	学生俱有寄宿舍，英文、家政、技艺、裁缝、习字、地理国史专修科、国语本科、地理标本室、历史标本室、物理、化学、图画、博物室、图书室、家庭礼仪教室、自习室、体操场、舍监室
东京府师范学校	八月十九日	观汉文、国语、化学各科，设有图画教室、会议室、木工金工室、动物植物标本室、寄宿舍、自修室
东京美术学校	八廿一日	考察绘画、雕刻、漆工各室
东京高等工业学校	八月廿一日	参观染、漂、织、试验物理、砖各室
第一高等学校	八月廿二日	参观图书馆及物理、化学各室
帝国大学之工科大学	八月廿二日	参观电气、建筑、造船、土木、机械及应用化学等部

① 原字作“撰”。

（续表）

学校名称	时间	考察内容
帝国大学之理科大学	八月廿四日	参观动物标本陈列室、地质学教室、地质学陈列馆、物理实验室、人类学教室、地震学教室
帝国大学之医科大学	八月廿四日	参观解剖室、眼科、妇科、儿科、皮肤梅毒病科、产科及病院等设备
帝国大学之农科大学	八月廿五日	参观家畜解剖室、病理实验室、家畜病室各科手术室等
渡边小学校	八月廿六日	单级学校，听讲单级教学法
体育会体操学校	八月廿八日	观卒业式，棍棒、柔软、器械、射的等各类体操及游戏
学习院	八月廿八日	设几何、欧文、代数、本国文等课，观图书馆、博物室、佛独文①教室、理化学教室
华族女学校	八月廿九日	中学设唱歌、理科、本国文、英文课；小学有修身课；设附属幼稚园，参观食堂
东京盲哑学校	八月三十日	参观理科教室，字母机器，见男女哑生指天画地，来往纷驰
音乐学校	九月初一日	参观奏乐室，听歌两阕，登楼略观数室
弘文学院	九月初二日	参观日本历史、日语入门、文法等讲堂，听小学教育
大同学校	九月初三日	观英文、地理教室
同文学院	九月初四日	观体操
早稻田大学	九月初五日	观法律、英文、地理、政治等讲堂
东京高等商业学校	九月初七日	观摩学生阅览室、事务室、实践室、商品陈列馆等
常盘小学校	九月初七日	设附属幼稚园，共三班，观唱歌、织纸、放木排等；小学校男女生共千人
庆应义塾	九月初九日	设大学部、中学部、小学部；观摩各部课程
西天满小学校	九月二十日	设幼稚园，共二百人，观唱歌、游戏；观小学习字教学
本田小学校	九月廿二日	观女师教制薄茶仪式、裁缝教学，周览各讲堂

（该表依据《严修东游日记》整理而成）

① 佛独文即法德文。

严修考察日本教育得到了日本友人和中国留学生的大力支持，收获颇丰，对其回国后的新式教育实践产生了重要影响。外国先进办学经验让严修深刻地认识到，要改革中国的旧式教育，就必须冲破狭隘、封闭的传统办学形式，吸收与借鉴西方先进的教育经验和科学方法。因此，他在发展直隶省的新式教育活动的过程中，不惜花费重金从国外引进教科书、图书、文献资料及实验设备，并专门从国外选聘优秀教习来直隶省任教。在创办严氏女学和保姆传习所时，严修就聘请了日本教师川本、山口、野绮、大野铃子等人任教。此外，严修在东游日本期间坚持每日把在考察的所思所感记录下来，遂完成了《壬寅东游日记》和《第二次东游日记》（共同构成《严修东游日记》），这是对直隶省乃至中国近代新式教育发展具有非常重要借鉴价值的比较翔实的珍贵资料。

第三节

教育行政改革

教育行政体制改革是晚清直隶省教育变革的重要内容，也是直隶教育早期现代化的一个必经阶段。以严修为代表的晚清士绅阶层在直隶近代教育行政改革中十分活跃，推动了直隶教育管理的近代化。

一　首创劝学所

清朝建立以后继续沿用了汉人传统教育制度，全国性教育事务由礼部和国子监掌管，全省教育由各省提督、学政管理。但是地方府学、州学、县学的学务人员，如教授、学正、教谕等只负责学生的学业、品行而不负责各州县的教育行政管理。“教授、学正、教谕，掌训迪学校生徒，课艺业勤惰，评品行优劣，以听于学政，训导佐之。”[①] 清朝的传统教育行政体系中缺少地方教育行政管理部门，故而造成地方教育发展效率不高，拖慢了传统教育向近代新式教育转变的步伐。自清末变法图强，废科举、兴

① 赵尔巽等．清史稿（第12册）[M]．北京：中华书局，1976：3358.

学堂，制定、颁布新学制以来，直隶省积极响应清廷的兴学号召，各府州县官员与地方士绅通力合作，力求发展新式教育以培养新式人才。然而，由于经费短缺、师资不足、教育行政机构效率低等诸多原因，直隶省的新式教育仅在省府保定、天津两地较为活跃，其他地区则相对沉寂。1904年，从日本访学回国后的严修任职直隶学务处督办。两次赴日参观、考察教育事业，他深刻地认识到合理、高效的教育行政机构对发展新式教育的重要性，于是仿照日本地方教育模式，在直隶省开展教育行政改革，于直隶所属各府州县率先创立了地方教育行政机构——劝学所。

劝学所是严修在直隶天津首创的县级教育行政机构，其主要任务是劝办地方学务，发展各县初等教育、社会教育等地方教育事业。作为基层教育行政组织，劝学所积极劝办初等教育各类学堂、兴建社会教育设施，对推动晚清教育早期现代化具有重要作用。光绪三十一年（1905），严修于直隶省创立全国最早的劝学所，是中国近代教育史上的一大创举。

为推动地方教育事业的发展，严修借鉴日本教育行政改革的成功经验，采用分区的办法，划分劝学所所属的辖区。“约三四千家以上即划为一区，少则两三村，多则十余村。”[①] 每区劝学所设劝学总董一名，兼任县视学，通常由学问渊博、德高望重且热心教育事业的地方士绅担任。劝学总董一年选聘一次，在上任之前均须接受专门培训，“于本城劝学所会齐开一教育讲习科，研究学校管理法、教育学、奏定小学章程、管理通则等类，限一月毕业”，上任后“每月赴本城劝学所会集一次，呈交劝学日记，由总董汇核”。[②] 除劝学总董外，每区劝学所设劝学员若干名，由品行优良、热心教育事业的地方士绅担任。直隶各县地方志中，对劝学总董及劝学员

① 朱有瓛．中国近代学制史料（第2辑上册）[Z]．上海：华东师范大学出版社，1987：144.

② 直隶学务处各属劝学所章程 [J]．东方杂志，1906（1）：19.

的活动做了详细记载。

韩泽普，字仁波，清武庠生，杜家峪人，性勤俭，无嗜好。清季创立学校，充劝学所劝学员，县内初小成立，泽普赞助之力居多。①

光绪三十三年，劝学所总董何耀慧举城绅窦俨充学董，筹庙租米豆三十余石，创办女子小学，设立三皇庙内。②

李明德，字镜塘，光绪辛卯举人。天性慈祥，人称恺悌。服务社会，大义为先。光绪三十四年，充劝学所长（总董），以毅力抽庙产，强迫各乡兴办学校，一年之际成立小学五十余处。③

柳茂贞，苏庄人，岁贡生，光绪三十年充劝学员，对于全县教育指导有方，一时风气振兴，人才蔚然。④

按照劝学所章程的规定，直隶各县劝学总董及劝学员多由士绅担任。总董负责筹集教育经费、监督地方学务等事宜，劝学员辅助劝学总董，负责筹集经费、筹办学堂等具体工作，并深入辖区的每户人家，劝导、督促适龄儿童进入学堂学习，以实现教育普及之功效。继天津创立直隶省第一个劝学所以后，严修执掌的直隶学务处加紧改革教育行政体制的步伐，陆续颁布了《直隶学务处各属劝学所章程》和《续充章程》，从制度上将劝学所确立为县级地方教育行政机构。在严修的倡导下，直隶地区的劝学制度快速发展。据1909年的统计资料显示，直隶省共有劝学所152处，总

① 袁棻等．滦县志（卷十二）[Z]．民国26年铅印本：39．
② 刘德宽等．龙关新县志（卷七）[Z]．民国23年铅印本：19．
③ 景佐纲．怀安县志（卷七）[Z]．民国23年铅印本：13．
④ 韩作舟等．广平县志（卷十）[Z]．民国28年铅印本：18．

董 153 人，劝学员 713 人，其数量列居全国第一。[①] 劝学所为严修首创，在直隶省的新式教育发展中起到了突出的作用，也为全国其他地区提供了宝贵的经验与借鉴。

鉴于严修任职直隶学务处期间在直隶省教育改革中的优异表现，清政府于 1905 年 12 月任命严修为学部侍郎，以期在其领导下，推动全国范围内的近代新式教育发展。严修上任后，积极向全国推广直隶省教育行政体制改革的经验，于 1906 年制定并颁布了通行全国的《奏定劝学所章程》。章程规定:“各厅州县，应各于本城择地特设公所一处，为全境学务之总汇，即名曰某处劝学所。”[②] 在严修的支持下，县级教育行政机构劝学所的设立成为中国近代教育行政体制改革的重要内容，推动了晚清教育早期现代化的发展历程。

严修在天津首创劝学所制度，在近代中国教育行政史上影响深远。劝学所的成立是继学部与提学使司之后中国教育行政发展史上的一次重大变革，初步建立起“中央—省—府县”三级相联系的教育行政体系。劝学总董与劝学员的教育实践，有助于掌握各地真实的教育情况，推动地方教育事业的发展。

二　建立查学制度

1904 年 5 月，天津士绅严修接替胡景桂担任直隶学校司督办。就任不久后，严修便动身前往日本开启第二次教育考察。在此次教育考察过程中，严修先后十次到日本文部省听讲，还常与日本友人交流、讨论教育问题。

① 朱有瓛，戚名琇等．中国近代教育史资料汇编·教育行政机构与教育团体 [Z]. 上海：上海教育出版社，1993：94.

② 朱有瓛．中国近代学制史料（第 2 辑上册）[Z]. 上海：华东师范大学出版社，1987：144.

1904年7月30日，严修与嘉纳治五郎[①]到上野公园梅川料理屋吃晚饭，席间二人相谈学校教育行政问题。嘉纳治五郎认为教育问题分三类：学术、教育与教育行政。就教育行政问题，嘉纳治五郎做了如下论述：

> 小学、中学同时举行，不必候小学毕业再立中学也。择年龄之长入中学，中学之课程不过视小学略高。
>
> 师范学堂先立寻常者，其高等者可缓，不必同时并立。俟有进步，其中可分为寻常、高等两部。程度再高，然后改为高等未晚也。但师范学堂中可附设教员养成所及补习所之类。
>
> 外国语学校当立，然必选本国之文也，通者入之。
>
> 留学日本者，除速成外，必须在本国预备日语五年。
>
> 视学最要，教科书最要。
>
> 总长以下有副之者，略如文部之次官，次官以下又一人辅之，有此三人则责任有属而事毕举矣。总长去，则次官。总之，如是则方针不至屡变。[②]

嘉纳治五郎向严修论述小学、中学堂、师范学堂的办学等问题，同时强调了“视学最要”，这对严修回国后开展教育行政改革产生了重要影响。1904年1月《奏定学堂章程》颁布，六个月后直隶将学校司改为学务处，并制定、颁发制度章程《学务纲要》。第二次考察日本教育回国后的严修

---

① 嘉纳治五郎（1860—1938）：兵库人，东京大学毕业。历任“五高”（熊本）、“一高”、东京高等师范校长。讲道馆柔道创始人，日本首任国际奥林匹克委员和体育协会会长，贵族院议员。曾创办招收中国留学生的亦乐书院和弘文学院，对中国留日学生的教育卓有贡献。

② 严修著，武安隆、刘玉敏点注：严修东游日记[M].天津：天津人民出版社，1995：225-226.

到直隶学务处任职，执掌直隶教育改革，锐意兴学。为更好地开展直隶省近代教育改革，了解各府州县新式教育发展的程度，严修参照日本地方视学制度，建立了直隶省查学制度。“到学务处后，锐意兴学。各府州县实施如何，必须考察，因派定查学人员。”[①]《教育杂志（天津）》对直隶学务处选派的各属查学职员做了详细记录，详见表13。

表13　学务处派定各属查学职员衔名录[②]

姓名与出身	所属	履历
高步瀛，举人（霸州）	顺天府查学	日本宏文学院速成师范科毕业
刘桂芬，贡生（文安）		留学日本，山东试用县丞
王振垚，举人（定州）	保定府、易州直隶州查学	日本宏文学院速成师范科毕业
吴鼎昌，举人（清苑）		日本师范毕业
冯蕴章，拔贡（河间）		留学日本
陈恩荣，举人（天津）	正定府查学荣	日本宏文学院速成师范科毕业
周焕文，附贡（宁河）	永平府、遵化直隶州查学	日本宏文学院速成师范科毕业
刘培极，附贡五品衔（任丘）	河间府查学	留学日本
齐福丕，举人（南宫）	大名府查学	日本游历
王璟，举人（定州）	顺德府查学	日本宏文学院速成师范科毕业
刘登瀛，举人（南宫）	广平府查学	日本游历
贺培桐，贡生（枣强）	宣化府查学	日本早稻田大学政法系毕业
李金藻，附生（天津）	冀州直隶州查学	日本宏文学院速成师范科毕业
张良弼，举人（获鹿）	赵州直隶州查学	日本宏文学院速成师范科毕业
王倬，举人（高阳）	定州、深州直隶州查学	日本宏文学院速成师范科毕业
马鉴滢，举人（定州）	天津府查学	日本宏文学院速成师范科毕业

（资料来源：《教育杂志（天津）》1905年第2期，履历部分为笔者补充）

① 严修，高凌雯等．严修年谱[M]. 济南：齐鲁出版社，1990：169.

② 学务处派定各属查学职员衔名录[J]. 教育杂志（天津），1905（2）：4-5.

可见，直隶各府州县查学一职须具备科举功名以及留学日本或游历日本的资历，这体现了严修以日本为师的教育改革思想。直隶查学监督和指导的对象主要是各类新式学堂，通过保定府查学吴鼎昌所拟定的《保定府查学吴鼎昌条陈保定模范小学堂及他小学堂改良事宜禀》可以看出查学在地方学务中所担负的具体职责。第一，检查教员的教学方法和水平。吴鼎昌在查视保定府各小学堂后，认为各学堂教员“不谙单级之教法，往往苦教授之困难，欲取法而不得其所”①。单级教授法是当时较为流行的教学方法，“德国国民学校者，皆以单级为本体，近时美国村落学校亦重单级之制，英人于单级教授尤多发明，盖单级用费少而事易集”②。因而，他建议在保定模范学堂中添设单级一班，以供其他学堂的教职人员参观、学习。第二，监督各学堂屋舍、讲堂、教学设备、校园环境等内容。吴鼎昌对保定府各学堂的基础设施做了详细调查，结果显示“各学堂设备不完，宜筹款增置也”，他认为，“按小学教育之作用，悉恃诸方设备之相为辅助。设备不完，虽有善教者，不能收完全之结果”，为此，必须设法筹集充足的经费，购置“修身挂像、理化仪器、博物、手工、地理、历史之标本、图画、模型、音乐之器具”，从而提高教学效率，改善教学效果。③第三，监督学堂经费的使用。吴鼎昌通过调查省城各小学，认为学堂经费有限，应当节俭各项开支，除用于教员薪水与添置教学设备外，“无关紧要之开支，诚不宜于此时先开”④。该报告全文如下。

---

① 保定府查学吴鼎昌条陈保定模范小学堂及他小学堂改良事宜禀[J].教育杂志（天津），1905（17）：5.

② 保定府查学吴鼎昌条陈保定模范小学堂及他小学堂改良事宜禀[J].教育杂志（天津），1905（17）：5.

③ 保定府查学吴鼎昌条陈保定模范小学堂及他小学堂改良事宜禀[J].教育杂志（天津），1905（17）：5.

④ 保定府查学吴鼎昌条陈保定模范小学堂及他小学堂改良事宜禀[J].教育杂志（天津），1905（17）：6.

保定府查学吴鼎昌条陈保定模范小学堂及他小学堂改良事宜禀

光绪三十一年十一月

一、模范小学宜开单级一班也。按设立模范小学之义，欲一切资人参观效法，意非不至，然多级小学非经费充足，力能延多数教员，又生徒众多，年龄程度足以区为数班者，不能咄嗟立办。今各县村镇所设立之小学，款绌人少，一班之中年龄程度参差不齐，纯是单级性质。其教员不谙单级之教法，往往苦教授之困难，欲取法而不得其所。不于是时立一校，以示之标准，而冀其参观多级之所得，归而施之于单级之小学，未有不枘凿不入者。考德国国民学校，皆以单级为本体。近时美国村落学校，亦重单级之制。英人俾路蓝加斯远于单级教授尤多发明，盖单级用费少而事易集，当教育萌芽时代，最宜注意仿行。今宜于模范内添设单级一班，组织务须合法，使外间来参观者知惟此便于规抚，则所关诚非浅鲜也。

二、模范内宜添男女共学一班也。按女学为当今教育根本，人尽知之，惟如京津所立之女学，经费甚大，学费甚重，所成就率不出富家大族。其贫贱下等之家，力不能入，仍不能开女界之风气。欲兴女教，必自先有一、二年级之男女共学始，盖中国女学之难兴，由于缠足者半，由于男女界限太严恐生嫌疑者亦半。若自其年龄最幼，毫无知识之时，循循而善诱之，不独缠足之风可熄，且能化其猜嫌之积习。贫贱家之子女愿来入学，富家大族自不难闻风兴起。此提倡女学之机关，不可不急谋起点者也。

三、学生人数减少，宜添设小学数处，以宏造就也。按去岁年终调查，官立各小学人数共四百八九十人。今年递有增添，其人数乃共止三百九十余人。较去年少五分之一。其故，一由于学堂地处归并，道远者疲于奔驰，渐渐告退；二由于旗人松山将旗生全数招去，减去学生二十余人。现在城内中部、东南、西南、正北各方，均有小学，惟东北、西北方僻远而无小学。宜于其地各立学堂一所，以教育其区内之子弟。其旗学一所仍复兴立，用松山为司事，令其招考旗生皆入学堂。彼薪水所入与馆谷相当，想亦无不乐从。此事之至易办者也。

四、各学堂设备不完，宜筹款增置也。按小学教育之作用，悉恃诸方设备之相为辅助。设备不完，虽有善教者，不能收完全之结果。校室一切设备今始勿论，若教授用具中之修身挂像、理化仪器、博物、手工、地理、历史之标本、图画、模型、音乐之器具，皆学中所不可少之物品，宜于来年次第设置齐楚。此等皆备，然后徐徐研究使用教授之法，所谓有形式而后有精神也。惟以上所举各项用款频巨，须于常数之外另行筹措。如何办理之处，伏乞核夺。

五、模范小学堂内，宜多辟教室讲堂，以资讲习也。按日本小学各班教室之外，若手工、裁缝、唱歌，皆有特别教堂。另有修身大讲堂，校长、教员以时招集全校生徒，为之讲演事理，以发其国民之精神，法至善也。今模范小学堂内，仅有音乐室一所，然矮小、狭窄、光线太强，空气不甚流通，秋前春后闷燥殊甚，且唱歌时仅容一班，不能全班教授，实非另行筹划不可。手工、裁缝教育暂可从缓，若修身大讲堂于精神教育甚有关系，实不可少又府学高等一班拟即移入，应有讲堂一所。明正五年班推升高等，至午未两年尚有推升高等两班，计应添高等讲堂四所。合之大唱歌室、修身大讲堂，实应共添讲堂六所，皆实际上必不可缓之图。应如何设法腾挪，伏候钧筹。

六、模范小学内，宜辟植物园，以备直观教授也。按小学数科、理科、地理、图画数门，皆重直观教授，教授无直观而第恃口讲、指划，儿童性增想象，及示以实物，或转复茫然。卢□所谓“上堂讲地理，出门初不辨东西”，诚至论也。故外国小学多附小植物园一区，以供指点，能剖写生之用。现模范小学毗连莲池，空地尚多，可否商诸方伯、廉访，准拨地一段（研究所对面坡后一带地颇宽散），归作模范小学植物园之用。如蒙允准，即于其中多栽植物种类，需款不多而生趣盎然，于教授上实有影响。伏望察酌实行。

七、经费宜从节减也。按省城小学本有定数，暂时学堂处所，学生班次尚少，尚有余款，然正宜用以添置仪器标本等物，以资应用。此后逐年添班，仅教员薪水一项开支，已日有加增，则无关紧要之开支，诚不宜于此时先开。其渐按经理省城小学者，并不问课程，教法若何，组织等事，所司不过领发薪水、工食、杂费而已。此等以一人经理已觉有余，况尚有司事二名。足供驱使，若再添经理人员，所办之事仍不外领发薪水等项，而即多开一份薪水，将来款项不敷之时，如何处置乎？此时开支已有定额，他日统计款项无余，则欲多开学堂，多添班次，不可得矣。此通盘筹算，所以不能不怀杞忧者也。

八、省城小学宜裁去现在经理员，而用本城绅士为总董，以一事权而资整理也。查办理小学堂者，无论何省何县，官立民立，莫不用本地人经理其事，何则？人莫不有爱乡心，本其爱乡之心以经营其本乡之业务，怀亲意切，其不望事业之发达进步者殆甚少。若以渺无关系而又不通教育之人，其莅事也，如素人视越人之肥消，漠然不关于心，以为售会计之长，于分已尽。如此而望事业之发达进步，人知其难矣。保定小学开办已四年矣，縻款二万金，学生不逾五百人，其成就者不过如此。假使天津数年前不用林卞诸公，而专查省城小学者当其任，宁有今日之景象乎？保定人才性消乏，但怀热诚、负干才之士，未偿无有。伏望我公洞察利害之本源，俯与补救，择本处绅士有名誉才识者一、二人为董事（徐德源、王文芹实一时之选），常年经理其事，俾淑其爱乡之天良，尽厥分中之义务，省城小学教育庶有豸乎？情急不觉言之过激，伏望鉴察。

以上八条，仅就目前所见及安为陈说。是否有与，伏乞鉴核采择实行，无任悚惶祷祈之至。[①]

直隶查学具有的权力和强制性的态度，目的是构建教育监督体制，防止各府州县谎报学务，以真实、有效地推进直隶近代新式教育的发展。与清政府后来建立的全国统一的地方视学制度不同，查学制度是在直隶省实行的对直隶各地方学务的监督、考察及提供改进意见的学务监察制度。虽然查学制度有诸多不完备之处，但它的实施为晚清视学制度的实行提供了有益借鉴。

自晚清开展教育改革以来，严修积极响应清政府的兴学号召，通过创办学堂、出国考察教育、建立劝学所和查学制度等方式推动直隶省近代新式教育的发展。直隶总督、北洋大臣袁世凯认为，严修敢于冲破传统观念的束缚，在教育领域实行大胆革新。鉴于其为直隶省教育所做的重要贡献，袁世凯奏请朝廷，奖励严修“学海慈航”匾额一方，并附跋语：“范孙京卿热心教育，使濒海一隅，学校林立，梓桑受福，舆论交称。”[②]

严修的新式教育活动发端于家宅，发展于天津，执掌于直隶，其丰富的教育实践经历在中国近代史上是少有的。幼年的读书经历和盐商世家的家世背景，使得严修积淀了厚重的传统文化底蕴，树立了实业救国的思想，为日后致力于发展新式教育奠定了基础。在列强入侵、社会危机重重的晚清社会，严修先后两次东渡日本考察教育，并于直隶省广建新式学堂、建立劝学所及查学制度。这一系列具有开创意义的教育举措推动了直隶近代新式教育的发展，对开启民智、推动我国教育早期现代化进程发挥了重要作用。他对教育的信念，对新思想与新文化的虚心接受，以及为直隶近代教育发展做的贡献，为后世的教育工作者树立了光辉的榜样。

---

① 保定府查学吴鼎昌条陈保定模范小学堂及他小学堂改良事宜禀[J].教育杂志(天津)，1905(17)：4-7.

② 题赠严修匾额及跋语[A].骆宝善，刘路生主编.《袁世凯全集》(第13卷)[Z].郑州：河南大学出版社，2013：522.

第五章

晚清士绅与直隶教育早期现代化的历史反思

晚清是中国社会发展史上风云变幻、新旧交替的时期，也是传统教育向近代新式教育转变的大变革时期。在“西学东渐”及清廷废科举、兴学堂、鼓励民间兴学政策的影响下，晚清直隶省士绅积极投入新式教育的兴办之中，推动了晚清直隶省教育早期现代化的发展历程，对晚清新旧交替时代背景下的直隶省产生了重要影响，同时，也为当今的教育改革与教学活动提供了现实的启迪。

第一节

晚清士绅与直隶教育早期现代化的历史影响

晚清士绅阶层推动下的直隶教育早期现代化，形成了初步的教育体系，促进了知识传播与人才培养，并推动了直隶省社会的整体发展。

一　推动直隶近代教育体系的初步形成

晚清时期，中国近代新学制在全国各省份大规模实施，各级各类新式教育的兴起与发展达到高潮。直隶新式教育发端于洋务运动时期。1880 年，直隶总督、北洋大臣李鸿章于天津创建北洋电报学堂。此后，洋务派为培养实用人才，在直隶省创办各类近代新式学堂，如北洋水师学堂、北洋医学堂、天津武备学堂、天津中西学堂等。洋务运动中兴办的各类近代学堂，是建立直隶近代教育体系的重要尝试，然而，洋务官员主导的新式教育并未形成完整的体系。直隶近代教育体系是在晚清新政期间，由地方政府与士绅阶层共同倡办下形成的。在清廷兴学政策的倡导下，直隶各府州县地方政府与以士绅为核心的民间力量的兴学热情空前高涨，广大学子竞趋新学，新式学堂及学生的数量迅猛增长。据统计，到宣统元年（1909 年），直隶普通初等教育中的各类学堂共 10740 所，居全国各省第一，学生 234770 人，居全国各省第二（仅次于四川省）；中学堂 31 所，居全国各省第四，学生 2419 人，居全国各省第七；大学堂、高等学堂共 6 所，学生 1378 人，居全国各省第一；从师资水平来看，直隶小学教员毕业于师范学堂和外籍教师共 8093 人，居全国各省第一；中学教员毕业于师范学堂和外籍教员共 95 人，居全国各省第二（仅次于湖南省）；高等学堂、大学堂与各高等专门学堂教员在本国和国外各学堂毕业者及外籍教员 101 人，居全国各省第一。[①] 此外，新的学制系统在士绅阶层的支持下得以广泛实施，直隶近代新式教育初步建立起较为完整的教育基础，学校教育与社会教育的规模与程度逐步提高。

第一，近代新式学校教育逐步推广，取得不俗的成绩。士绅阶层在直隶近代学校教育体系的形成与发展中十分活跃，他们通过捐献学堂经费、创办新式学堂、任职学堂教员等方式推动直隶新式学校教育的发展。在地方政府与士绅阶层的共同努力下，直隶省以发展新式教育为目标，在各府州县广设中小学堂，并建立高等教育各类学堂，同时，兴办各类师范学堂，初步建立起中、高等相衔接的师范教育体系，为近代初等教育、中等教育及高等教育的发展培养众多优秀的教师。由此，晚清直隶省初步形成了普通教育、师范教育全面发展的近代学校教育体系。

第二，社会教育的萌芽与发展，在一定程度上弥补了学校教育的不足。士绅阶层通过倡导改良社会不良习俗、建立新的社会风尚及创办各类社会教育机构，如官话字母学堂、宣讲所及阅报处等，在直隶省发挥了开启民智、普及社会常识、开阔民众视野的良好效果，从一定程度上弥补了直隶近代学校教育发展的不足，并对直隶省社会的进步与发展产生了潜移默化

① 陈启天．近代中国教育史[M]．台北：中华书局，1979：131-133，134-135，147-148，155-159.

的影响。

第三，近代教育行政制度的初步确立。晚清科举制度的废除与新学制的广泛实施，致使新式学堂和学生的数量逐渐增多。为巩固和改善地方各级学务管理的成效，清政府决心改革礼部、国子监等旧有的教育行政机构，建立适应新式教育发展的近代教育行政体制。直隶省作为发展新式教育的模范，积极开展教育行政改革。直隶省设学校司为全省最高教育行政机构，后改为学务处，掌管全省学务。在严修的主持下，直隶学校司（学务处）的职能不断完善。此外，严修首创劝学制度，于各府州县建立劝学所，劝办、监督地方学务，并设立教育会为教育咨询机构，以推进新式教育的普及。士绅阶层作为地方文化精英，往往任职于学务处、劝学所、教育会等新式教育行政机构，通过参与教育行政管理、监督地方学务，推动直隶近代新式教育的发展进程。

著名学者、中国问题研究专家费正清对现代化这一特定社会进程有着独到的见解，他认为，“每一个领域内的现代化进程都是用该学科的术语加以界说的”①。在晚清大变革时期，教育早期现代化是中国现代化的重要组成部分，同时也是中国现代化较为突出的表现之一。发展新式教育、培养新式人才，是学习西方先进知识、文化与制度最有效的途径与方式。晚清士绅阶层推动下的直隶近代教育体系的初步建立与发展，既推动了直隶省教育早期现代化的发展历程，也为中国农业文明向西方工商业文明的近代化转变贡献了不可磨灭的力量。

二　促进知识传播与人才培养

直隶省教育早期现代化的发展历程与晚清士绅阶层密切相关。这一阶

① 费正清．剑桥中国晚清史（下卷）[M]．北京：中国社会科学出版社，1985：6.

层在直隶省推广新学、开办新式学堂、培养新式人才，推动了直隶省传统教育向新式教育的转变。

1. 推动科学知识的传播

晚清科举制度废除后，中国教育体制中的课程结构发生重大变革。传统儒家经学教育因科举考试废止而地位下降，以西方近代科学知识为核心的科学教育则在士绅阶层推动下的晚清新式学校教育中蓬勃发展，推动传统知识体系向近代科学知识体系转变。这一转变是急剧而深刻的，动摇了清王朝封建统治的基础，从政治和文化上为近代新式教育的发展创造了空间。在士绅阶层推动直隶教育早期现代化的进程中，各新式学堂设有包括各种西方近代自然科学知识与社会科学知识在内的众多课程，促进了西方近代科学知识的普及传播。试举几所学堂的课程设置为例。详见表 14。

表 14　直隶新式学堂课程设置统计表（举例）

学堂名称	兴办时间	学堂地址	课程设置
清苑县官立高等小学堂①	光绪三十年九月	用皇华馆旧屋略加修改而成	地理、算学、理科、英文、体操等。
天津第一私立中学堂②	光绪三十年九月	借用天津四棵树严修住宅偏院二十间	地理、物理、博物、生理（以上各科用中文书籍教授）；英文读本及文法、外国地理、外国历史、数学、代数、几何、化学（以上各科用英文书籍教授）。

① 奏派调查直隶学务员报告书（续）[J]. 学部官报，1907（19）.

② 奏派调查直隶学务员报告书（续）[J]. 学部官报，1907（20）.

（续表）

学堂名称	兴办时间	学堂地址	课程设置
直隶高等学堂[①]	光绪二十四年创办，二十七年重建，二十八年四月开学	保定省城西关迤南	第一类（文）：体操、英语、法语、地理、兵学、辩学（逻辑学）、法学、心理学、理财学等；第二类（实）：体操、英语、德语、图画（制图）、兵学、物理、化学、地质学、矿物学等。
直隶师范学堂[②]（1905年更名直隶优级师范学堂）	光绪二十八年	保定金线胡同	优级第二类（文科）：教育、心理、法制、理财、英文、体操、地理等；优级第三类（理科）：教育、体操、算学、物理、化学等；优级第四类（生物科）：教育、体操、植物、动物、农学、生理、矿物等；日文专修科：博物、几何、化学、三角、代数、英语、日语等。

由此可见，晚清士绅推动下的直隶省教育早期现代化，促进了西方科学文化知识与语言文字的传播，推动了近代新式教育课程结构向多元化发展。直隶近代新式教育从传统的经、史、子、集学术分类，逐渐转变为近代的“分科立学”，体现了近代西方文化对中国学术文化的影响。[③]随着课程结构优化的推广，直隶省新式教育发展迅速，各类新式学堂开始开设近代西方自然科学和社会科学课程，逐步建立了较为完整的近代课程体系。

① 阎国华，安效珍．河北教育史（第二卷）[M]．石家庄：河北教育出版社，2003：95.

② 阎国华，安效珍．河北教育史（第二卷）[M]．石家庄：河北教育出版社，2003：103-104.

③ 刘海峰，史静寰．高等教育史[M]．北京：高等教育出版社，2010：119.

自此以后，物理、化学、地理等学科开始受到普遍重视。这些丰富的近代自然科学及社会科学知识为中国学子打开了一个崭新的天地，奠定了其日后从事各项近代社会事业的基础。

2. 培养了一批新式人才

科举制度的废除及近代学制的建立，加快了人才培养方式的转变。近代新式教育的兴起，打破了传统的精英选拔机制，社会精英的构成呈现多元化。晚清士绅推动下的直隶教育早期现代化，促进了清末直隶省新式学堂数量的提升，培养了大批适应时代发展需要的各类专业实用人才。据相关资料统计，直隶全省小学生 230 813 人（1909 年数据），中学生 2 419 人（1909 年数据）[①]，直隶高等学堂与北洋大学堂学生 296 人（1907 年数据）[②]，师范学堂学生 2040 人（1909 年数据）[③]。这些学堂学生通过学习新知识与新思想，很大一部分成长为近代教育发展所需的栋梁，他们毕业后或在新式学堂中任职教习、监督，或入职劝学所、教育会等教育行政机构。

完县士绅高登瀛，字赞唐，县城北之康关村人，年十七，补县庠生，肄业于保定速成师范，于清光绪三十四年秋被举为劝学所总董。时知完县事韩树梅，极力振兴教育，加以提学司之督促，登瀛乘此时机筹基金计经费，加斗纪税，抽山货捐。凡所以应增设各事，无不竭尽心力为之。韩知县雷厉风行，一闻有阻挠学务、破坏教育者，立即

① 朱有瓛．中国近代学制史料（第 2 辑上册）[Z]．上海：华东师范大学出版社，1987：272,490.

② 清末高等学堂统计表 [A]．潘懋元，刘海峰．中国近代教育史资料汇编·高等教育 [Z]．上海：上海教育出版社，1993：94.

③ 宣统元年（1909）各省师范学堂学生统计表 [A]．璩鑫圭，童富勇，张守智．中国近代教育史资料汇编·实业教育师范教育 [Z]．上海：上海教育出版社，1994：624.

票传严惩。登瀛与知县同心协力，不数月，而城乡初等小学校设立百余处，成绩卓著。①

石家庄元氏县士绅王鸣凤，字桐岗，万年人，丁酉科拔贡生，性惇谨嗜学，沉默寡言，与人和蔼，任事忠实，学问渊博，从学者甚众。清末科举停，入郡城习师范，毕业后即应聘为本县高等汉文教员，又继任高小堂长、劝学所所长。②

沧县士绅马涢，字镜波，达子店人，光绪癸巳恩科举人，与弟相继登贤，书文名动一时，为文以气胜，浩瀚条达，后因欧风东渐，遂弃帖括研究算学，复入保定优级师范，毕业后充正定、定州、定兴各学校，教授诸生，多所成就。③

从科举制度废除到近代新式学堂兴起是中国近代人才培养与选拔制度的重大变革。从士绅阶层推动下的晚清直隶教育早期现代化发展进程来看，科举制度废除所引起的一系列连锁反应是全方位和深远的，它促进了近代新式学堂的兴起与发展，推动了新式教育规模的扩大和程度的提高，更为重要的是，直接促进了新式教育人才培养目标的重大变革。随着士绅阶层推动下的直隶省教育早期现代化进程进一步发展，直隶省新式学生队伍逐渐扩大，近代学生群体初步形成。直隶省各类学堂，无论官立私立，都开设地理、物理、化学、英文、数学等课程，学生可以通过阅读各种西学著作了解时代发展的趋势，因而近代直隶省学生对于国家面临的艰难处境有着深切体会。他们通过新式教育，学习西方自然科学与社会科学知识，获取了近代社会发展所需的专业技能与知识。从直隶新式学堂毕业后，除了

① 彭作桢等．完县新志[Z]. 台北：成文出版社，1968：415.

② 王自尊等．元氏县志（卷十一）[Z]. 民国22年铅印本：16.

③ 李学谟等．沧县志（卷八）[Z]. 民国22年铅印本：104.

从事教育工作，他们还大量涌向工、商、财经、医疗、法律、新闻、艺术等各个社会职业阶层。以学生为主体的新型知识分子群脱颖而出，逐渐取代传统士绅的地位，成为社会精英阶层，在近代社会变革与发展中扮演了重要角色。

三　推动直隶社会的整体发展

晚清直隶社会的整体发展与士绅阶层的教育活动及这一阶层推动下的直隶教育早期现代化有着密切关系。在时代变迁的晚清社会，士绅阶层活跃于直隶省新式教育活动之中，促进了直隶社会风气的转变。此外，士绅阶层推动下的直隶教育早期现代化对直隶省社会改革与进步具有重要作用。

1. 开通社会风气

在“西学东渐”、科举制废除及清末兴学政策的影响下，开明士绅对新学的态度经历了盲目排斥、初步认同及整体接受三个阶段，由此走上了传播新学、推广新式教育之路。晚清士绅阶层所开展的新式教育活动对整个直隶社会的发展与变革，推动了直隶社会风气的转变，起着催化的作用。

士绅阶层开通直隶社会风气，一方面表现为促进学风的转变。在社会矛盾重重的晚清社会，清政府锐意革新。然而，教育改革之初，风气未开，新学的推广遇到很大阻力。“科举初废，学校方兴，事属创举，士子多观望疑惧，乐从者寡。乡间初等小学亦未遍设，招生殊觉不易。”[①] 在学风未开、新学推广受阻的情况下，士绅阶层率先将自己的子女及家属送入新式学堂学习新知识、新文化，由此带动了学风的转变。直隶各县县志对此种情形

① 彭作桢等．完县新志［Z］．台北：成文出版社，1968：292．

做了详细的记载。

> 保定新城县士绅刘凤昌，字吉斋，邑庠生，平景镇人，壬寅癸卯间，停科举，立学堂，首令长子廪生翰墀，幼子翰书考入高等小学，以为之倡。①
>
> 石家庄井陉县士绅杨履廷，字步墀，南鲍庄人，清邑庠生，性刚直，勤学好读，教授弟子百余人，循循善诱，诲人不倦。既而科举废，学校兴，先生首先送其弟子入学县，于是附近各村，莫不闻风兴起，升学者日众。东三庄学风之开，赖先生提倡之力也。②
>
> 沧县士绅苑熙春，字泽普，生有异质，聪明过人，考取詹事府供事，送方略馆，入军机处任职，以劳绩历保知县，加同知衔，签分湖南醴陵县，政绩卓著，为大吏所嘉许。光绪己亥三月，以亲老致仕，在湘同僚迭电回省，杜门不出。时当清季变法兴学，乡人多墨守旧习，不肯令子弟入校，熙春独令侄孙辈，首先倡导，由此风气大开，向学者日众，今毕业中学大学生，接踵而起，熙春提倡之力居多。③

另一方面，士绅阶层在直隶省兴办新式学堂、发展新式教育，传播了大量西方资本主义思想观念，其中影响较大的为“重商主义”思想。中国自古以来以农为本，社会也向来“重农抑商”。晚清以降，一部分开明士绅逐渐觉醒，意识到西方工商业文明是时代发展的必然趋势，遂在直隶省推广重商思想。在士绅阶层大力支持下，直隶省近代新式教育不断发展，重商观念得到广泛传播，人们逐渐认识到“西国强，原于富；富，原于商；

① 张雨苍等修，王树枏纂．新城县志 [Z]. 台北：成文出版社，1968：431.

② 王用舟等．井陉县志料（卷十一）[Z]. 民国 23 年铅印本：30.

③ 李学谟等．沧县志（卷八）[Z]. 民国 22 年铅印本：50.

商，原于工”[①]的事实。随着直隶士绅推广新学的深入，“重义轻利”的传统轻商观念转变，发展实业、追求利益被认为是救国良方。重商思想的传播推动了直隶近代资本主义工商业的发展，与此同时，“重利轻义”等观念也带来了一些消极的影响。

此外，重视女子受教育的观念得到推广。在中国古代社会，女子受教育的程度远远低于男子，往往只有少数书香门第的女子能够接受良好的教育，而普通民众的女子则少有接受教育的机会。清末变法图强，士绅阶层积极响应政府的兴学号召，众多士绅积极创办女子学堂，推广女学。如保定望都县士绅何国基，文庠生，磊落光明，热心公益，重建公义节烈祠为女校校址，创办女子两级学校；[②]秦皇岛昌黎县士绅孙玉润，庠生，创办两等学堂，暨初级女学堂，迭经官厅嘉奖，成绩卓异，造福桑梓。[③]士绅阶层兴办女学堂，推广女学，不但推动了直隶省女子教育的发展及女子受教育程度的提高，而且从思想观念上使人们认识到女子受教育的重要性。

2. 推动社会改革与进步

晚清士绅顺应时代潮流，通过捐献学堂经费、兴办新式学堂、改革传统教育机构、任职学堂教习等多种方式积极开展新式教育活动。这一阶层推动下的直隶教育早期现代化对直隶社会的变革与进步产生了重要影响。

首先，士绅阶层推动下的直隶教育早期现代化使士绅得以进入直隶教育会，加快直隶近代教育改革的步伐。晚清政府在内外交困的情形下开展教育变革，废科举、兴学堂，发展近代新式教育。在地方政府与士绅阶层

① 王先谦．虚受堂书札（卷二）[M].光绪丁未秋刊：21.

② 王德乾等．望都县志[Z].台北：成文出版社，1968：479.

③ 陶宗奇等．昌黎县志（卷八）[Z].民国22年铅印本：38.

的共同努力下，全国各地新式学堂迅猛发展，新式教育取得初步成效。为规范地方学务，促进新式教育的高效发展，清政府令各地方政府设立教育会，以“补教育行政，图教育之普及”①。直隶省在清末教育改革中表现十分积极，为更好地发展新式教育，于各县广泛设立教育会。然而，教育会的成员有着严格的资格限定，“须品学兼优，声誉素著，或于本地教育有功者，由会中公举，禀请提学司审察，确能胜任，方可允准选充”②。晚清士绅在直隶省积极兴办新式学堂，发展新式教育，为其赢取了进入教育会、参与直隶近代教育变革的资格。据统计，晚清直隶各县教育会会长、副会长共计 133 人，其中士绅 107 人。③教育改革是直隶省近代社会变革的重要组成部分，在晚清新旧交替的时代背景下，致力于发展新式教育的士绅阶层跻身直隶省教育会，为直隶省近代教育发展出谋划策，推动直隶近代教育改革。

其次，推动直隶宪政改革。为挽救统治危机，晚清政府被迫革新，开展预备立宪，令各省设立谘议局，以开展宪政改革。光绪三十四年（1908），直隶总督杨士骧筹集 70 万两白银，于天津建立直隶谘议局筹办处，为直隶谘议局的成立做准备。宣统元年（1909）直隶谘议局正式成立。直隶谘议局议员资格有着严格的规定，需满足下列条件之一：“一，曾经于直隶省发展教育及公益事业三年以上且成绩显著；二，获取本国或国外中学及中学以上学历；三，享有科举正途出身的‘举贡生员’功名。”④在晚清

① 奏定各省教育会章程折 [A]. 朱有瓛，戚名琇等 . 中国近代教育史资料汇编·教育行政机构与教育团体 [Z]. 上海：上海教育出版社，1993：247.

② 奏定各省教育会章程折 [A]. 朱有瓛，戚名琇等 . 中国近代教育史资料汇编·教育行政机构与教育团体 [Z]. 上海：上海教育出版社，1993：249.

③ 直隶省教育会统计表（1906-1909）[A]. 朱有瓛，戚名琇等 . 中国近代教育史资料汇编·教育行政机构与教育团体 [Z]. 上海：上海教育出版社，1993：349-353.

④ 各省谘议局章程 [A]. 故宫博物院明清档案部 . 清末筹备立宪档案史料（下）[Z]. 北京：中华书局，1979：671-672.

士绅推动下的直隶教育早期现代化过程中，直隶各府州县的新式教育发展迅速，为直隶宪政改革培养了大量新式人才。这些新式人才，通过进入新式学堂学习，取得新式学堂文凭，进而得以跻身直隶谘议局，获得开展宪政改革、参与管理行政事务的机会。如保定新城县学生吴德镇，光绪甲辰进士，清末新式教育兴起，入直隶师范学堂学习，后留学日本法政大学，充国史馆协修，直隶谘议局议员。[①] 清朝末年，大批学堂毕业生进入直隶谘议局，研究宪政理论，推动宪政改革，为直隶近代社会变革贡献了重要力量。

最后，宣传资产阶级革命思想，推动辛亥革命的爆发。晚清士绅推动下的直隶教育早期现代化，为资产阶级民主革命思想的传播创造了条件。清末直隶省新式学堂成为宣传民主革命思想的重要阵地。如邯郸成安县士绅李鹤云，廪膳生，性沉静有毅力，自幼喜好读书，稍长受父兄教，议论超群，常阅历代史学批评、政治得失。应府试名列前茅，但平素鄙视功名，遂于光绪二十九年（1903）投考保定师范学校，以期研究新学，改革政治。适值同盟会同志在保定秘密工作，经张纪五介绍，得入同盟会，在师范学校肄业时即秘密宣传革命。毕业后充任清丰县高等小学教员，于讲课时间参加革命活动，俾学生增加革命思想，复充本县高等小学校长，在学校内设立秘密工作机关，鼓吹革命。[②] 青年学生在学堂中学习西学知识，思想较为开放，因而，民主革命人士把新式学堂作为宣传革命思想的重要阵地，向学堂学生灌输革命思想。

---

① 张雨苍等修，王树枏纂 . 新城县志 [Z]. 台北：成文出版社，1968：348.

② 张应麟等 . 成安县志（卷十一）[Z]. 民国 20 年铅印本：60.

第二节

晚清士绅与直隶教育早期现代化的现实启迪

晚清士绅推动下的直隶新式教育发展是中国教育早期现代化教育的重要组成部分，也是社会变革的重要内容之一。在士绅阶层的推动下，晚清直隶省教育早期现代化取得了不俗的成绩，也为当今的教育改革与实践提供了现实的启迪。

一　正确认识教育现代化

在当今世界，国家之间的竞争进入一个新的阶段，其实质是以科技与经济为核心的综合国力的竞争。在经济全球化、合作国际化的时代背景下，世界各国都认识到教育是国家发展的重要基石，也是提升综合国力最直接、最核心的影响因素。为此，世界各国积极开展教育改革，谋求教育现代化，以适应国际竞争的需要。中国的教育现代化发端于晚清时期，是在众多有识之士的推动下不断摸索前行的，其历程可谓波澜壮阔。从晚清的教育早期现代化算起，中国的教育现代化之路已经走过了近一百五十多年的历程并取得了一定的成绩。但是，中国的教育现代化之路远远没有结束。欲实现国家与民族的崛起，必须对教育现代化进行全面、合理的认识。

作为特定的文化资本，教育是整个社会系统中不可或缺的一环，其发展、演变的进程与社会的发展进程从总体上保持高度的一致性。因而，只有先理解“现代化”的特征与内涵，才能够全面、合理地认识教育现代化，进而更好地开展教育改革。

现代化是指传统社会、传统文化在现代社会的现实转变，这种转变体现了一种时代精神，具有时代特征，代表时代的发展方向，它是一个动态的变革过程。[①] 通常认为，现代化最早发端于西方。西方文化、思想、制度在世界范围内广泛传播且产生深远影响，导致各国将西方文明主导的现代化看作唯一的模式并争相效仿。中国的现代化正是在西方文化的强力冲击下而展开的，其进程带有很强的西化色彩。然而，现代化并非西化，在传统向现代转变的过程中，不同的文化传统可以产生不同的现代化模式。因而，教育现代化的本质不是一味追求西化，而是借助国外教育改革的成功经验来追求本国教育传统的现代转变。

清末开启的教育早期现代化是中国教育现代化的早期探索与实践，是在西方列强的军事、文化、思想强势入侵的背景下开展的。清末开展的洋务教育、维新教育改革及教育改革，都注重引进西方科学文化知识及教育制度，虽然取得了一定成绩，但是没有从根本上实现教育的现代化。其原因之一，是彼时的教育改革只注重对西方教育的引进，而忽视了对中国教育传统的现代转换。晚清中国国力衰微，先进的中国人能够开眼看世界，引进西方先进的教育理念与教育制度已经实属不易。在新旧交替、时代动荡的晚清社会，要求教育改革者认清教育现代化的本质是不现实的。然而，当今中国社会稳定，经济发展良好，其教育现代化历程经历了近一百五十多年的实践与摸索，已具备实现教育现代化的历史条件。为此，当今的教

① 王铁军．教育现代化论纲[M]．南京：南京师范大学出版社，1999：26.

育改革应当正确认识教育现代化的内涵，不能盲目追求西化，坚持合理的教育现代化理论，即在吸收、引进国外教育改革成功经验的基础上推动中国教育传统的现代化转换。

二　推动中国教育传统的现代化转变

教育传统是指经过长期的历史积淀而形成并继承下来的教育思想、教育制度、内容和方法，即过去教育实践中形成并得以流传的具有一定特色的教育体系。[①] 教育传统受众多因素的影响，包括生产力发展水平、社会制度、经济制度等，而对其影响最大的则是民族文化。冠绝世界几千年的中华文明，其文化思想所蕴含的价值理念、思维方式等不仅是中国人日常生活及中国社会发展、变迁的重要影响因素，更是中国优良教育传统得以形成、发展的必要条件。教育是社会系统的重要组成部分，其发展、改革的历程深受教育传统的制约与影响。为此，要实现教育现代化，必须继承、发展中国优秀的教育传统，并推动其向现代化转变。

在中国传统文化的影响下，古代社会形成了独特的教育传统。众多教育传统如教育思想、教学方法、课程内容等具有现代教育的某些特征。当今的教育改革与教育现代化并不是对传统教育的简单批判与否定，而应当继承、发展这些优良的教育传统，并挖掘其现代意义。古代优秀的教育传统涵盖了众多内容,其中对现代教育发展具有较大借鉴意义的有书院精神、国学经典及社会教化三项。

1.继承、创新书院精神。书院是中国古代传统教育的重要形式之一，在中国教育发展史中占有重要的地位。书院教育起源于唐代，在其漫长的

---

① 顾明远.民族文化传统与教育现代化[M].北京：北京师范大学出版社，1998：11-12.

发展、变迁过程中，形成了独特的优良传统，也就是书院精神。书院教育注重自由讲学，学术氛围浓厚，注重培养学生的自学能力，提倡“有教无类”和“因材施教”。这些内容虽是书院的传统教育精神，但与现代教育的精神并不违背。晚清时期的书院由于各种原因已经沦为科举的附庸，空有书院之名而无书院之实。为此，清末的教育改革将书院改为新式学堂学习新学。当今的教育现代化应当注重继承、发展并创新书院精神，将其运用于教育改革与实践中，从而为教育变革增添活力。

2.课程改革重拾文化经典。教育以培养人为根本目标，教育现代化的最终目的是实现人的现代化。现代化的个体不仅需要掌握科学文化知识与劳动技能，还要养成良好的人格。古代传统教育课程的内容设置以传统文化经典为主，追求“修己安人”，培养人的良好品格。“古之学者，内之身心性命，外之天下家国，大之礼乐政刑，小之虫鱼草木，自经史而外，以及诸子百家，靡不深研。”[①] 自鸦片战争中国战败后，传统文化成为中国落后挨打原因的替罪羊。晚清开展的教育改革，虽然注重引进国外的教学内容，但其课程设置中保留了部分国文与读经课程，延续了文化经典教育。反观当今社会，充满了对传统文化经典的误解与盲目批判，以至于教育改革与实践往往忽视了传统文化经典的作用。为此，当今教育现代化下的课程改革应当重拾文化经典，将古代各学术流派的经典内容引入教材之中，挖掘文化经典的现代教育意义，从而培养学生良好的品格以及民族自信心。

3.重视社会教化。中国传统社会注重社会教化，培养个人的完善品格，以达到化民成俗的目的。古代社会通过朝廷训谕、乡规民约、社会礼仪、民间文艺活动、宗教礼俗、宗族伦理活动等内容开展教化活动，对完善人的道德品格及养成社会良好风俗具有重要作用。晚清教育改革中，以开启

① 高步青等．交河县（卷三）[Z]．民国5年刻本：1．

民智、培育新民为目的的近代社会教育取代传统社会教化，为提高晚清国民的文化素质贡献了重要力量。然而，清末的社会教育忽视人的品格培养，当今社会更是往往将传统社会习俗视为封建糟粕，导致祠堂、家谱、传统礼仪等教化内容几近失传。社会教育的发展是教育现代化的重要内容，在一定程度上能够弥补学校教育的不足。今日的社会教育应当借鉴、继承传统社会教化的精华内容，以此培养个人的良好品格，明确个人的社会责任意识，最终形成良好的社会风尚。

教育传统的现代化转变之间，表现为“古与今”“中与西”的内在关系。[①]推动教育传统的现代转换，要正确处理这两种关系。一方面，要对教育传统进行选择、鉴别，继承、发展其精华部分，挖掘其现代教育意义。另一方面，在保持教育的民族性的基础上合理引进、吸收国外教育理念与制度，切忌盲目西化。教育现代化应当立足于中国的文化传统与社会现实，推动教育传统的现代转变，挖掘其现代意义。

三　重视民间及社会力量的兴学活动

教育是社会系统中不可或缺的一环，其产生、发展及变迁的历程与人类社会的发展密切相关，有着特定的发展规律。人类社会自产生以来，形成了多种形式的教育活动。作为教育的主要活动形式之一，民间兴学在传承民族文化和推动社会发展等方面发挥了不可替代的历史作用。当今的教育改革与实践，必须充分利用各种社会资源，重视并支持民间及社会力量的兴学活动，以实现教育的现代化发展。

古代私学、近代私立学堂（学校）、当代民办教育在中国教育发展及

① 黄济，郭齐家．中国教育传统与教育现代化基本问题研究 [M]. 北京：北京师范大学出版社，2003：207-208.

变迁的历史进程中扮演了重要角色，是民间及社会力量开展教育活动的主要组织形式。其中，古代私学伴随着私人讲学活动兴起而产生、发展，在扩大教育对象、促进文化交流等方面贡献了重要力量。晚清教育改革以“废科举、兴学堂”为核心，为晚清民间及社会力量的兴学活动提供了历史契机。以士绅阶层为代表的民间及社会力量积极响应清政府的兴学号召，他们以近代新式学堂为中心，积极参与清末的教育改革，通过捐献学堂经费、创办学堂、任职学堂监督与教习、改革传统教育机构等多种方式推动晚清直隶省新式教育的发展，为直隶省的教育早期现代化及社会发展做出了不可磨灭的历史贡献。

改革开放后，中国民办教育得到迅速发展，成为重要的教育形态之一，在当今的教育改革与实践活动中占有重要的地位。重视并支持民间及社会力量的兴学活动，最根本的是要推动民办教育的发展，以提高民间兴学的效率。第一，完善民办教育立法。晚清政府主导下的教育改革，制定、颁布各种兴学政策以鼓励民间及社会力量开展教育活动，为民间兴学的繁荣提供了政策及制度保障。当今的教育改革实践亦可借鉴晚清教育改革的成功经验，完善民办教育各项立法，为民间及社会力量的兴学活动提供宽松的政策环境。第二，将民办教育纳入国民教育体系之中。改革开放以来，我国民办教育取得了显著成就，但是未在教育体系中获得相应的地位。为此，必须转变教育观念，明确民办教育在国民教育体系中的重要性，确立公办教育、民办教育共同发展的教育格局。第三，加强民办教育师资队伍建设。清末的教育改革注重发展师范教育，开办师范学堂、师范传习所等教育形式以培养优秀师资；同时，晚清地方教育体制中确立查学与视学制度，对学堂教习的教学方法、教学水平进行监督和评价，为当今的民办教育师资建设提供了重要借鉴。当今的民办教育教师主要由兼职教师和退休教师组成，师资队伍年龄偏大且不稳定。为此，必须建立、完善民办教育教师资格认证制度，确保民办学校招聘的教师具备合格的专业水准。同时，完善教师在职培训制度，加强民办教师教师的在职培训，以适应现代教育发展的要求。

民办教育的兴起与发展为民间及社会力量的兴学活动提供了土壤，而民间及社会力量的兴学活动也为民办教育的发展壮大做出了重要贡献。当今的教育改革与实践需要在民间及社会力量的兴学活动支持下，推动现代教育的发展，从而实现教育的现代化。

结语

自鸦片战争后，中国在西方列强的侵略与掠夺下社会矛盾日益加深，清政府面对内外交困的社会危机被迫开展社会改革以挽救统治危机。在教育领域，开展以“废科举、兴学堂”为核心的近代教育变革，以培养适应社会发展需要的专门人才。在“西学东渐”、科举制度废除及清廷兴学政策的影响下，晚清士绅阶层投身直隶省新式教育活动之中，通过捐献学堂经费、创办新式学堂、改革传统教育机构及任职学堂教习等多种方式推动直隶省教育早期现代化的发展历程，为直隶省近代教育体系的初步建立、科学知识的传播、新式人才的培养及直隶省近代社会变革与进步做出了不可磨灭的贡献。尽管士绅阶层推动下的晚清直隶省教育早期现代化只处于起步阶段，但是在新旧交替的时代变革背景下，作为旧阶层的传统士绅能够顺应时代潮流，积极开展教育变革，为直隶省近代教育的发展开创了一片天地，这一创举已实属不易。

晚清士绅推动下的直隶省教育早期现代化取得了一定的成绩，也为当今的教育改革与实践提供了现实的启迪。自晚清以来，人们往往将中国的落后归咎于传统文化，致使在教育现代化的过程中忽视民族文化传统的继承与发扬。然而，日本、新加坡等国家都是在合理继承其文化传统的情况下走向了现代化，反观中国自晚清以来的各项社会改革，都急于摆脱民族文化传统，尽管取得了一定的成绩，但其效果并不理想。教育早期现代化是国家现代化的重要组成部分，在其发展过程中要合理处理传统文化与现代化的关系。当今的教育改革与实践，其最终目的是实现教育现代化，为此，应当在吸收西方先进教育方法、思想与制度的同时，充分利用民间及社会力量，合理继承优秀传统文化，在教育教学活动中推动优秀教育传统的现代性转化，为国家发展培养具有民族文化素养的新型人才。

参考文献

一、基本史料

（一）近代报纸与期刊

1. 教育杂志（天津）

2. 直隶教育杂志

3. 直隶教育官报

4. 学部官报

5. 北洋官报

6. 大公报

7. 东方杂志

8. 申报

（二）地方志

1. 韩志超等 . 光绪蠡县志 [Z]. 中国地方志集成·河北府县志辑（第 35 册）. 上海：上海书店出版社，2006.

2. 何其章等修，贾恩绂纂 . 民国定县志 [Z]. 中国地方志集成·河北府县志辑（第 35 册）. 上海：上海书店出版社，2006.

3. 贾恩绂等 . 南宫县志 [Z]. 民国 25 年刻本 .
4. 张雨苍等修，王树枏纂 . 新城县志 [Z]. 台北：成文出版社，1968.
5. 袁棻等 . 滦县志 [Z]. 民国 26 年铅印本 .
6. 彭作桢等 . 完县新志 [Z]. 台北：成文出版社，1968.
7. 傅振伦等 . 新河县志 [Z]. 民国 18 年铅印本 .
8. 王树枏等 . 冀县志 [Z]. 民国 18 年铅印本 .
9. 张福谦等 . 清河县志 [Z]. 民国 23 年铅印本 .
10. 张汝漪等 . 景县志 [Z]. 民国 21 年铅印本 .
11. 金良骥等 . 清苑县志 [Z]. 台北：成文教育出版社，1968.
12. 王用舟等 . 井陉县志料 [Z]. 民国 23 年铅印本 .
13. 陶宗奇等 . 昌黎县志 [Z]. 民国 22 年铅印本 .
14. 王自尊等 . 元氏县志 [Z]. 民国 22 年铅印本 .
15. 李学谟等 . 沧县志 [Z]. 民国 21 年铅印本 .
16. 王德乾等 . 望都县志 [Z]. 台北：成文出版社，1968.
17. 张应麟等 . 成安县志 [Z]. 民国 20 年铅印本 .
18. 耿之光等 . 重修无极县 [Z]. 民国 25 年铅印本 .
19. 景佐纲 . 怀安县志 [Z]. 民国 23 年铅印本 .
20. 路联逵 . 万全县志 [Z]. 民国 23 年铅印本 .
21. 曹桢等 . 三河县新志 [Z]. 民国 24 年铅印本 .
22. 张仁蠡等 . 霸县新志 [Z]. 民国 23 年铅印本 .
23. 高步青等 . 交河县 [Z]. 民国 5 年刻本 .
24. 陈宝生等 . 满城县志略 [Z]. 民国 23 年铅印本 .
25. 姜槛荣等 . 广宗县志 [Z]. 民国 22 年铅印本 .
26. 刘德宽等 . 龙关新县志 [Z]. 民国 23 年铅印本 .
27. 李泽远等 . 鸡泽县 [Z]. 民国 31 年铅印本 .
28. 黄希文 . 磁县 [Z]. 民国 30 年铅印本 .
29. 万震霄等 . 青县志 [Z]. 民国 20 年铅印本 .
30. 王德乾等 . 南皮县志 [Z]. 民国 22 年铅印本 .

31. 韩作舟等 . 广平县志 [Z]. 民国 28 年铅印本 .

（三）资料汇编

1. 保定教育史资料选编编委会编 . 保定教育史料选编 [Z]. 保定：河北大学出版社，2012.

2. 保定市教育局史志办公室编 . 保定教育史料类编 [Z]. 石家庄：河北人民出版社，1990.

3. 中国人民政治协商会议天津市委员会文史资料研究委员会 . 天津文史资料选辑（第 25 辑）[Z]. 天津：天津人民出版社，1983.

4. 天津市教育局教育志编修办公室 . 天津教育史志资料（第 1 册）[Z]. 天津：天津市内刊，1987.

5. 天津市地方志编修委员会 . 天津通志——基础教育志 [Z]. 天津：天津社会科学院出版社，2000.

6. 中国人民政治协商会议河北省委员会文史资料研究委员会 . 河北文史资料（第 25 辑）[Z]. 石家庄：河北文史书店，1988.

7. 河北省地方志编纂委员会编 . 河北省志・教育志 [Z]. 北京：中华书局，1995.

8. 璩鑫圭，唐良炎 . 中国近代教育史资料汇编・学制演变 [Z]. 上海：上海教育出版社，1991.

9. 李桂林，戚名琇，钱曼倩 . 中国近代教育史资料汇编・普通教育 [Z]. 上海：上海教育出版社，1995.

10. 璩鑫圭，童富勇，张守智 . 中国近代教育史资料汇编・实业教育师范教育 [Z]. 上海：上海教育出版社，1994.

11. 潘懋元，刘海峰 . 中国近代教育史资料汇编・高等教育 [Z]. 上海：上海教育出版社，1993.

12. 朱有瓛，戚名琇等 . 中国近代教育史资料汇编・教育行政机构与教育团体 [Z]. 上海：上海教育出版社，1993.

13. 舒新城 . 中国近代教育史资料 [Z]. 北京：人民教育出版社，1981.

14. 朱有瓛 . 中国近代学制史料（第 2 辑上册）[Z]. 上海：华东师范大学出版社，

1987.
15. 陈学恂 . 中国近代教育史教学参考资料（上册）[Z]. 北京：人民教育出版社，1986.
16. 孟宪承 . 中国古代教育文选 [Z]. 上海：华东师范大学出版社，2010.
17. 陈学恂 . 中国近代教育文选 [Z]. 北京：人民教育出版社，1983.
18. 汪敬虞 . 中国近代工业史资料（第 2 辑下）[Z]. 北京：科学出版社，1957.

（四）历史文献

1. 徐栋 . 牧令书 [Z]. 道光 28 年刻本 .
2. 沈同芳 . 江苏学务总会文牍 [Z]. 上海：上海书店出版社，1906.
3. 郑观应 . 郑观应集（上）[M]. 上海：上海人民出版社，1982.
4. 清实录 [Z]. 北京：中华书局，1985.
5. 朱寿朋 . 光绪朝东华录 [Z]. 北京：中华书局，1958.
6. 胡林冀 . 胡文忠公全集 [Z]. 上海：东方文学社，1935.
7. 樊增祥 . 樊山政书 [M]. 北京：中华书局，2007.
8. 傅春官 . 江西农商矿纪略 [Z]. 南昌府卷 .
9. 甘厚慈 . 北洋公牍类纂（卷十）[Z]. 北京：京城益森印刷有限公司，1907.
10. 教育部教育年鉴编纂委员会编 . 第一次中国教育年鉴 [Z]. 上海：开明书店，1934.
11. 赵尔巽等 . 清史稿 [M]. 北京：中华书局，1997.
12. 周秋光 . 熊希龄集 [M]. 长沙：湖南人民出版社，2008.
13. 故宫博物院明清档案部 . 清末筹备立宪档案史料（下）[Z]. 北京：中华书局，1979.
14. 天津图书馆，天津社科院历史出版研究所编・袁世凯奏议 [Z]. 天津：天津古籍出版社，1987.
15. 骆宝善，刘路生主编 .《袁世凯全集》（第 13 卷）[Z]. 郑州：河南大学出版社，2013.
16. 严修 . 严修东游日记 [M]. 天津：天津人民出版社，1995.
17. 严修，高凌雯等 . 严修年谱 [M]. 济南：齐鲁书社，1990.

18. 严修著，《严修日记》编辑委员会编 . 严修日记 [M]. 天津：南开大学出版社，2001.

二、著作

1. 费孝通 . 中国绅士 [M]. 北京：中国社会科学出版社，2006.

2. 周荣德 . 中国社会的阶层流动——一个社区士绅身份的研究 [M]. 上海：学林出版社，2000.

3. 马敏 . 官商之间：社会剧变中的近代绅商 [M]. 上海：华中师范大学出版社，2003.

4. 贺跃夫 . 晚清士绅与近代社会变迁——兼与日本士族比较 [M]. 广州：广东人民出版社，1994.

5. 张仲礼 . 中国绅士——关于其在十九世纪中国社会中作用的研究 [M]. 李昌荣，译 . 上海：上海社会科学院出版社，1991.

6. 王先明 . 近代绅士——一个封建阶层的历史命运 [M]. 天津：天津人民出版社，1997.

7. 岑大利 . 乡绅 [M]. 北京：北京图书馆出版社，1998.

8. 刘正伟 . 督抚与士绅——江苏教育早期现代化研究 [M]. 石家庄：河北人民出版社，2001.

9. 王炳照 . 中国教育史专题研究 [M]. 北京：北京师范大学出版社，2009.

10. 陈景磐 . 中国近代教育史 [M]. 北京：人民教育出版社，1983.

11. 陈启天 . 近代中国教育史 [M]. 台北：中华书局，1979.

12. 江铭主编 . 中国教育督导史 [M]. 北京：人民教育出版社，1994.

13. 孙邦华 . 西学东渐与中国近代教育变迁 [M]. 北京：中国社会科学出版社，2012.

14. 田正平 . 留学生与中国教育近代化 [M]. 广州：广东教育出版社，1996.

15. 李国钧，王炳照 . 中国教育制度通史（第六卷）[M]. 济南：山东教育出版社，2000.

16. 阎国华，安效珍 . 河北教育史 [M]. 石家庄：河北教育出版社，2003.

17. 赵宝琪，张凤民 . 天津教育史 [M]. 天津：天津人民出版社，2002.
18. 刘海峰，史静寰 . 高等教育史 [M]. 北京：高等教育出版社，2010.
19. 周予同 . 中国现代教育史 [M]. 福州：福建教育出版社，2007.
20. 顾明远 . 民族文化传统与教育现代化 [M]. 北京：北京师范大学出版社，1998.
21. 顾明远 . 教育：传统与变革 [M]. 北京：人民教育出版社，2004.
22. 黄济，郭齐家 . 中国教育传统与教育现代化基本问题研究 [M]. 北京：北京师范大学出版社，2003.
23. 王铁军 . 教育现代化论纲 [M]. 南京：南京师范大学出版社，1999.
24. 谈松华 . 中国教育现代化的区域发展 [M]. 广州：广东教育出版社，2003.
25. 王丽 . 追寻失落的中国教育传统 [M]. 北京：教育科学出版社，2010.
26. 王雷 . 中国近代社会教育史 [M]. 北京：人民教育出版社，2003.
27. 王雷 . 社会教育概论 [M]. 北京：光明日报出版社，2007.
28. 高践四 . 民众教育 [M]. 上海：商务印书馆，1933.
29. 刘晓云 . 近代北京社会教育发展研究（1895—1949）[M]. 北京：知识产权出版社，2013.
30. 崔运武 . 中国师范教育史 [M]. 太原：山西教育出版社，2006.
31. 苏云峰 . 中国现代化的区域研究——湖北省 1860—1916[M]. 台北：近代史研究所，2015.
32. 苏云峰 . 张之洞与湖北教育改革 [M]. 台北：近代史研究所，1976.
33. 桑兵 . 晚清学堂学生与社会变迁 [M]. 上海：学林出版社，1995.
34. 董丛林 . 清末直隶新政研究 [M]. 石家庄：河北人民出版社，2002.
35.[美] 费正清编 . 剑桥中国晚清史（1900—1911）[M]. 中国社会科学院历史研究编译室，译 . 北京：中国社会科学出版社，1985.
36. 瞿同祖 . 清代地方政府 [M]. 范忠信，晏锋，译 . 何鹏，校 . 北京：法律出版社，2003.
37. 罗荣渠 . 现代化新论：中国的现代化之路 [M]. 上海：华东师范大学出版社，2013.

38. 罗荣渠 . 现代化新论：世界与中国的现代化进程 [M]. 北京：商务印书馆，2004.

39. 田正平，陈胜编著 . 中国教育早期现代化问题研究：以清末民初乡村教育冲突考察为中心 [M]. 杭州：浙江教育出版社，2009.

40. 张大民 . 天津近代教育史 [M]. 天津：天津人民出版社，1993.

41. 保定市政协文史委员会 . 保定近代教育史略 [M]. 保定：河北大学出版社，1992.

42. 俞鹿年 . 中国官制大辞典（上卷）[M]. 哈尔滨：黑龙江人民出版社，1992.

43. 吕实强 . 中国官绅反教的原因 [M]. 台北：近代史研究所，1994.

44. 孙江 . 十字架与龙 [M]. 杭州：浙江人民出版社，1990.

45. 李冬君 . 中国私学百年祭——严修新私学与中国近代政治文化系年 [M]. 天津：南开大学出版社，2004.

46. 张绍祖 . 津门校史百汇 [M]. 天津：天津人民出版社，1994.

47. 王炳照 . 中国私学・私立学校・民办教育研究 [M]. 济南：山东教育出版社，2002.

48. 吴畏 . 民办教育的改革与发展 [M]. 北京：教育科学出版社，2002.

49. 胡卫 . 民办教育的发展与规范 [M]. 北京：教育科学出版社，2000.

50. 陈学恂主编 . 中国教育史研究・近代分卷 [M]. 上海：华东师范大学出版社，2009.

三、论文

（一）学位论文

1. 杨小辉 . 从士绅到知识分子——中国知识阶层转型研究 [D]. 上海：上海大学，2007.

2. 徐凌美 . 清末民国时期关中地区的士绅与地方教育 [D]. 兰州：西北民族大学，2006.

3. 王立 . 清末江浙地区乡绅兴办新式教育研究 [D]. 北京：中共中央党校，2009.

4. 韩艳明 . 清末直隶教育行政体制研究 [D]. 天津：天津师范大学，2009.
5. 张艳丽 . 清末直隶新政中的督学机构与兴学措施 [D]. 石家庄：河北师范大学 ,2002.
6. 刘福森 . 劝学所探析 [D]. 石家庄：河北师范大学 ,2008.
7. 董馨 . 双重变奏中的不同历史命运——科举制度废除之后的乡村精英 [D]. 长春：吉林大学，2006.
8. 吴洋 . 晚清新式学堂教师群体研究 [D]. 大连：辽宁师范大学，2012.
9. 周磊 . 清末学堂经费研究 [D]. 天津：天津师范大学，2007.
10. 吕晶 . 清末直隶社会教育探究 [D]. 石家庄：河北师范大学，2010.
11. 龚德祥 . 清末十年直隶小学教育研究 [D]. 北京：首都师范大学，2007.
12. 杨红兰 . 清末民初直隶师范教育研究（1902—1922）[D]. 保定：河北大学，2012.
13. 姜锐 . 严修教育改革思想与实践研究 [D]. 天津：天津师范大学，2012.
14. 贾军琳 . 清末新政时期的直隶高等教育改革 [D]. 哈尔滨：哈尔滨师范大学，2018.
15. 李梦姣 . 清末直隶中学教育研究 [D]. 石家庄：河北师范大学，2015.

（二）期刊论文

1. 徐茂名 . 明清以来乡绅、绅士与士绅诸概念辨析 [J]. 苏州大学学报（哲学社会科学版），2003(1).
2. 王先明 . 近代绅士阶层的分化 [J]. 社会科学战线，1987(3).
3. 王先明 . 中国近代绅士述论 [J]. 求索，1989(1).
4. 王先明 . 近代绅士阶层的社会流动 [J]. 历史研究，1993(2).
5. 杨小辉 . 传统士绅与知识阶层的近代转型 [J]. 学术界，2007(6).
6. 贺跃夫 . 晚清士绅与中国的近代化 [J]. 中山大学学报（社会科学版），1993(3).
7. 金桂兰 . 近代绅士阶层的社会流动 [J]. 兰台世界，2011(28).
8. 杨国强 . 论晚清中国的绅士、绅权和国家权力 [J]. 华东师范大学学学报（哲学社会科学版），2011(1).

9. 陈敏 . 清末士绅在新式教育领域内的活动 [J]. 安庆师范学院学报 (社会科学版) ，2003(6).

10. 刘春丽 . 清末绅士与新式教育 [J]. 郧阳师范高等专科学校学报，2006(4).

11. 李晓英 , 牛海桢 . 科举制废除及绅士阶层在新式教育领域中的贡献 [J]. 甘肃社会科学，2006(6).

12. 王琳 . 清末教育早期现代化中的地方绅士 [J]. 兰州学刊，2007(7).

13. 徐祖澜 . 清末民初的社会转型与乡绅流变——以科举与新学为视角 [J]. 贵州社会科学，2014(3).

14. 黄晶晶 , 顾谷友 . “官立模范，借绅力以期普及”——略论清末新式学堂的官绅合办模式 [J]. 文山学院学报，2012(2).

15. 刘春丽 . 湖北绅士在新式教育领域内的分化与转型 [J]. 湖北经济学院学报 (人文社会科学版)，2011(9).

16. 许顺富 . 湖南绅士与晚清教育变革 [J]. 史学集刊，2010(6).

17. 霍伟 . 官绅协力与清末直隶新式教育的生成 [J]. 河北师范大学学报 (教育科学版)，2011(1).

18. 田正平 , 夏益军 . 袁世凯与清末官绅教育 [J]. 浙江大学学报 (人文社会科学版)，2010(10).

19. 刘伟 . 官治与自治之间清末州县劝学所述评 [J]. 近代史研究，2012(4).

20. 高歌 . 清末新式教育的推广与乡村社会的无序化——以劝学绅董的权力扩张为中心 [J]. 湖北师范学院学报 (哲学社会科学版)，2013(3).

21. 汪琬 . 晚清直隶的查学和视学制度——兼与日本比较 [J]. 近代史研究，2010(4).

22. 张昭军 . 科举制度改废与清末十年士人阶层的分流 [J]. 史学月刊，2008(1).

23. 吴洪成，刘园园 . 近代中国传统书院改制研究——以河北省为中心 [J]. 河北大学学报 (哲学社会科学版) , 2012(2).

附录

附录1　直隶各属办学出力及捐助学堂经费人员奖励统计表（节选）①

州县	出身	姓名	因捐 / 因功	奖励功名（内 / 外）	年月
武清县	候选县丞	赵景岐	先后地七顷二十七亩零合银一万五千零二十两	内 不论双单月份省遇缺先试用知县	光绪三十二年十月
武清县	候选道库大使	诸葛焘	地八顷四十亩房十七间合银一万五千零二十两	内 遇缺尽先选用知县并加同知衔	光绪三十二年十一月
武清县	附生	曹复元	银洋三百元	外 品奖札	光绪三十二年十二月
武清县		曹植樾	地五亩每亩三十两合银一百五十两	外 六品功牌	同
武清县	监生	曹国朴	银一百两	外 七品功牌	同
武清县	尽先补用游击	李长泰	银洋一百元	外 七品功牌	同

① 数据来源于《直隶教育杂志》1907年第8、9、10期及1908年第8期刊登的《直隶各属办学出力及捐助学堂经费人员奖励统计表》。

（续表）

州县	出身	姓名	因捐／因功	奖励功名（内／外）	年月
武清县	绅士	曹秉忠	银洋一百元	外 七品功牌	光绪三十二年十二月
武清县	岁贡	张际逵	银洋六十元	外 九品功牌	同
武清县	从九品	曹国霖	银洋三十元	由县奖给花红匾额	同
武清县	附生	曹彦荣	银洋二十元	由县奖给花红匾额	同
武清县	贡生	曹聊武	银洋二十元	由县奖给花红匾额	同
武清县	从九品	曹珍	银洋二十元	由县奖给花红匾额	同
武清县	附生	曹迩述	地四十九亩八分合银一千零四十四两八钱	内 同知职衔	光绪三十三年三月
霸州	监生	王桥	变产得银一千二百两	内 同知职衔	光绪三十二年二月
霸州	鸿胪寺序班	冯树勋	银二千二百两	内 同知衔花翎	光绪三十二年闰四月
霸州	民人	王義泰	京钱二百吊	外 七品功牌	光绪三十二年七月
霸州	民人	王炳	京钱一百吊	外 九品功牌	光绪三十二年七月
霸州	总董候选巡检	崔炳	因劝办学堂出力	内 蓝翎同知衔	光绪三十三年正月
霸州	民人	李谨	京钱二百吊	外 七品功牌	光绪三十二年十月
霸州	该州英文教员	邱映斗	教授出力	准存记请奖	光绪三十二年十二月
保定县	民人	柴柱	地六亩合制钱一百零五千文	外 七品功牌	光绪三十二年六月
保定县	文童	王沛田	地三亩合制钱五十千文	外 九品功牌	同
保定县	文童	王玉珂	地二亩五分合制钱五十吊	外 九品功牌	同
保定县	王庄村副	王裕发	地二亩五分合制钱五十吊	外 九品功牌	同
保定县	绅董增生	王润民	因劝学所出力	外 六品功牌	光绪三十二年五月

（续表）

州县	出身	姓名	因捐/因功	奖励功名（内/外）	年月
保定县	文生	李文芭	因劝学所出力	外 七品功牌	光绪三十二年五月
保定县	武生	王均	因劝学所出力	外 七品功牌	同
保定县	贡生	冯汝弼	因劝学所出力	由本司给匾额	同
保定县	民人	孙连仲	制京五十吊	外 九品功牌	光绪三十二年十月
大城县	都司衔花翎尽先守备	李福澜	银一千两	奏乐善好施自行建坊	光绪三十二年三月
大城县	监生	蔡连壁	银四千七百零三两二钱三分	内 道员职衔花翎并加二级正三品对典	光绪三十二年十月
大兴寄居河南汲县	候选府经历	马德城	地五百零二亩五分七厘二毫合银一万零一百二十三两四钱九分	内 以知县不论双单月归部遇缺尽先选用	光绪三十二年七月
曲周县	童生	鲁一士	京钱二百吊	外 七品功牌	光绪三十二年九月
房山县	民人	赵文	银洋五百元	外 五品奖札泽被乡闾匾	同
昌平州	知州	史廷华之母史陶氏	修工艺局合银一千五百两	内 给乐善好施自行建坊	光绪三十一年正月
平谷县	教谕	陈光瀚	襄办学务出力	外 五品奖札	光绪三十二年十二月
保定府	各堂教员	梁栋选 范瑞卿 冀良秀	史陈经 王铭恩 因教授出力	外 五品奖札	光绪三十三年二月
满城县	文生	梁清元	京钱五百千文	外 五品奖札	同
满城县	文童	范肇瑞	京钱五百千文	外 五品奖札	同
满城县	民人	宋蔼春	京钱三百千	外 六品功牌	光绪三十二年二月
满城县	民人	陈英	京钱三百千	外 六品功牌	光绪三十二年二月
定兴县	贡生	姚文元	捐修文庙银一千两	内 给予乐善好施自行建坊	光绪三十一年正月
唐县	监生	赵勤学	学舍房十三间合银一千两	内 五品虚衔	光绪三十二年二月

（续表）

州县	出身	姓名	因捐/因功	奖励功名（内/外）	年月
唐县	民人	马敬	京钱一百二十千	外 七品功牌	光绪三十二年二月
唐县	民人	马抡	京钱一百二十千	外 七品功牌	同
唐县	文童	李俊功	京钱一百千	外 七品功牌	同
唐县	文童	耿耀之	京钱七十吊	外 九品功牌	同
唐县	文童	乔建中	京钱五十吊	外 九品功牌	同
唐县	文童	张廷栋	京钱五十吊	外 九品功牌	同
唐县	民人	王振和	京钱五十吊	外 九品功牌	同
唐县	民人	陈藩 杨作栋	各京钱五十吊	外 九品功牌	同
唐县	商人	刘辉	制钱五十吊	外 九品功牌	光绪三十二年八月
唐县	文童	管桂生	制钱五十吊	外 九品功牌	同
唐县	试用训导	田芾棠	槐树九株砖房八间值银一千一百两	内 不论双单月尽先选用训导	光绪三十三年二月
唐县	民人	耿焕章	制钱五十吊	外 九品功牌	光绪三十三年正月
唐县	学童	丁凤德	制钱五十吊	外 九品功牌	同
唐县	文童	张文华	制钱五十吊	外 九品功牌	同
唐县	文童	门延庆	银五十两	外 九品功牌	同
唐县	文生	路培椿	制钱六十吊	外 九品功牌	同
唐县	董事	耿兆栋 解道深	因经理得当	记功一次	光绪三十三年二月
唐县	教员	董清涟	因教育有方	记功一次	同
完县	贡生	马科建	地一百亩合银二千数百两	内 同知职衔并戴花翎	光绪三十二年四月
蠡县	文生	贾朝宗	银三百两	由清河道给牌匾	同
蠡县	文童	范鸣銮	京钱三百吊	外 七品功牌	光绪三十二年闰四月
蠡县	文童	刘人楷	女学经费制钱三百千	外 五品奖札	光绪三十二年七月
蠡县		刘继勋	制钱二百吊	外 六品功牌	光绪三十二年七月

（续表）

州县	出身	姓名	因捐／因功	奖励功名（内／外）	年月
蠡县		张世德	制钱二百吊	外 六品功牌	光绪三十二年七月
蠡县	五品顶戴	展泽生	银一千四百两	奏四品顶戴职衔	光绪三十二年九月
蠡县	监生	刘占魁	本村初小学堂银一千七百三十余两	内 蓝翎同知职衔	光绪三十二年十二月
蠡县	文生	杜如甫	制钱五百吊	由道府给匾	同
蠡县	文童	张庆圆	制钱三百吊	外 五品奖札	同
祁县	总董廪生	王炳辉	因劝学出力	外 五品奖札	光绪三十三年正月
祁县	劝学附生员	党梦庚	因劝学出力	外 六品功牌	同
祁县	廪生	沈价炘	因劝学出力	外 六品功牌	同
祁县	附生	冯育朴	因劝学出力	外 六品功牌	同
祁县	附生	李镕	因劝学出力	外 六品功牌	同
祁县	附生	王化南	因劝学出力	外 六品功牌	同
束鹿县	绅董	沈进美 张廷桢	襄办地方公务劝捐学务异常出力	外 五品奖札	光绪三十二年正月
束鹿县	举人 附贡	焦焕桐 高殿桂	办理工艺种植各局出力	均奖五品奖札	光绪三十一年八月
束鹿县	附贡	任聊缙王丹桂	办理工艺种植各局出力	均奖五品奖札	同
束鹿县	贡生	田瀛洲	瓦房一所地五十三亩合银一千六百两	内 五品虚衔	光绪三十一年正月
束鹿县	监生	阎恒	独设初小学房地共合一千余两	内为其故父自行建坊	光绪三十一年十二月
束鹿县	总董举人	焦焕桐	办学成效昭然举行观摩会为直属之冠	内 内阁中书衔	光绪三十二年八月
束鹿县	知县	张凤一	办学成效昭然举行观摩会为直属之冠	奏传旨嘉奖	同
高阳县	从九	王毓斌	创设私学	内同知职衔	光绪三十二年十二月
高阳县	文童	张荣祥	创设女学津钱一千吊	外 五品奖札	光绪三十二年二月

（续表）

州县	出身	姓名	因捐／因功	奖励功名（内／外）	年月
获鹿县	增生	王瑞云	办理巡警学务劳怨不辞	外 六品功牌	光绪三十二年正月
井陉县	文生	毕鸿逵	因添建高等小学房舍在事出力	外 五品奖札	光绪三十二年三月
井陉县	文生	蔡承恩	因添建高等小学房舍在事出力	外 五品奖札	同
阜平县	前教论现典史	杨耀宗 白鸿韬	劝捐学堂经费出力	均准署优缺一次	光绪三十一年二月
阜平县	举人	袁葆甲	因劝学出力	外 五品奖札	同
阜平县	候选县丞	张家骏	因劝学出力	外 五品奖札	同
阜平县	试用训导	李哲敏	因劝学出力	外 五品奖札	同
阜平县	廪生 文生	刘应淦 李心如	因劝学出力	外 五品奖札	同
阜平县	县丞衔	李绍龄	等二十三人银百两以上	外 五品奖札	同
阜平县	俊秀	李自新	等五十九人银五十两以上	外 六品功牌	同
栾城	文童	赵世珍	独立设初小房地合银一千七百八十两	内 将给监生同知职衔并加一级请从四品	光绪三十三年正月
行唐	民人	姚玉玺等六人	各捐西关公小学制钱六十吊	九品功牌	光绪三十二年九月
元氏		王定坤等十三人	制钱三百吊以上	外 五品奖札	光绪二十九年十月
元氏		柳兆元等二十三人	制钱二百吊以上	外 六品功牌	同
元氏		刘玉隆等十九人	制钱一百吊以上	外 七品功牌	同
元氏		高尚德等四人	制钱五十吊	由县酌给花红	同
元氏		王锡蕃 王奎聚	房一所作初小学合制钱六百余千	外 五品奖札	光绪三十二年五月
元氏		董世珍	树五十余株合制钱二百千余	六品功牌	同

（续表）

州县	出身	姓名	因捐 / 因功	奖励功名（内 / 外）	年月
晋州	文生	苏庆章	设私立初小房地五十三亩合银一千二百余两	内 同知职衔	光绪三十二年七月
晋州	文生	高金义	银四百两	外 五品奖札	同
无极	文生	田实颖	校地围地等合银三千两不敷七十三两补交	内 监生知府职衔并戴花翎	光绪三十一年二月
无极	武贡生	田实坚录	共捐现银三百两	内 步理同职衔千总职衔	同
无极	贡生	李昌照	银五千两	内 花翎道员职衔随带加二级请正三品封典	光绪三十二年三月
无极	同知衔监生	李昌杰	银三千五百两	内 花翎道员职衔随带加一级请从三品封典	同
无极	贡生	刘凤阁 刘春旭 刘春耀	各银二千五百两	均给知府职衔	同
无极	贡生	刘德容	银一千两	内 同知职衔	同
无极	候选教论恩贡生	李簪笏	制钱一千吊	内 内阁中书衔请本职七品 封典	同
抚宁	商人	王廷瑞	初小制钱一百吊	外 七品功牌	光绪三十二年三月
抚宁	商人	陈绍先	同	同	同
抚宁	民人	王楷	制钱五十吊	外 九品功牌	同
抚宁	贡生 同知衔	吴鸿 文钧等	地五十五亩合银二千二百余两	内 为故父吴连贵请建坊	光绪三十二年十二月
抚宁	府经理衔	孙震福	捐本村初小银一千两	内 同知职衔	同
抚宁	商人	陈忠玺	同上 银一百二十两	外 七品功牌	同
抚宁	民人	程连升 隆李凤	因本村小学各捐制钱五十千	九品功牌	光绪三十三年二月

（续表）

州县	出身	姓名	因捐/因功	奖励功名（内/外）	年月
滦州	监生	张云亭	捐女学房十四间地七亩合银一千四百两	为故父张永清请建坊	
滦州	稻地镇牙纪	张静岐 李维柱	助该镇官宣讲传习所经费每年一千两	由督院给忠忱惠泽匾额各一方	光绪三十二年十一月
滦州	管理学董	田世恩 张静山 李维林	因办学著效	各给六品功牌	同
乐亭	商人	王瑞轩	助劝学所银五百两	外 五品奖札	光绪三十二年六月
乐亭	民人	马锦云 张国铨	各捐东钱三百吊	外 九品功牌	光绪三十二年十月
乐亭	商人	杨兰堂	东钱六百吊	外 七品功牌	同
乐亭	监生	周树柏	制钱一百吊	外 七品功牌	光绪三十三年正月
乐亭	民人	王鸿儒 王春元	各捐制钱五十吊	外 九品功牌	同
乐亭	女学经事人	王传霖 骆梦龄	各捐东钱四百吊	外 同上	光绪三十二年十一月
乐亭	府经历衔监生	尹维岳	本村初小银一千两	内 同知职衔	光绪三十二年十二月
乐亭	初小董事	高美之	助校品并用款合制钱百吊	外 七品功牌	光绪三十二年十一月
乐亭	初小教员	李树翰	东钱六百吊	外 同上	光绪三十三年正月
乐亭	学童	赵清	东钱二百吊	外 九品功牌	同
河间县		张鹏霄 杨俊民	因创建城乡规模小学堂出力	外 五品奖札	光绪三十二年七月
河间县		邱镜波 白凤麟 左晓岩	同	外 八品功牌	同
河间县		冉汉文 冯佩璋	同	由宫保给桑梓宣劳匾额	同
河间县		马韩氏	助端本女学堂经费地四十九亩五分六厘五毫七	由本司给有光巾帼匾额	光绪三十二年八月

（续表）

州县	出身	姓名	因捐／因功	奖励功名（内／外）	年月
肃宁	增生董事	金铨	勤于任事办有成效	外 五品奖札	光绪三十二年四月
宁津	候选教论	王六德	因办学堂出力	外 五品奖札桑梓宣劳匾	光绪三十二年五月
宁津	廪生、附生	王用光 王培骏	同上	由司存记分别录用	同
宁津	文童	王熙时 张近瀛 庞有林	同上	均给七品功牌	同
宁津	监生	迟述文	助本村初小地十亩合银四百余两	外 五品奖札	同
宁津		苏澂	钱一百吊	外 九品功牌	光绪三十二年正月
宁津		张兰田	同上	同上	同
宁津	总董廪生	王用先	辞去总董薪水	由宫保传论嘉奖	光绪三十二年二月
吴桥	鸿胪寺序班	刘祖椈	因办学堂经费出力	由宫保给急公好义匾	光绪三十一年三月
吴桥	北河试用县丞	倪晋	同上	外 五品奖札	同
吴桥	试用府经历	许中书	同上	外 五品奖札	同
吴桥	管河县丞	陈宗干	同上	准调署优缺一次	同
吴桥	候选训导	刘毓德	同上	准首先拔署一次	同
吴桥	候选主簿	陈庆棣	同上	外 五品奖札	同
吴桥	廪生	张拭尊	同上	同	同
吴桥	附生	王毓秀	同上	同	同
吴桥	监生	魏际唐	同上	同	同
吴桥	俊秀	高鸿钧	同上	同	同
吴桥	五品职衔	梁荣熙	捐学堂银一千两	内 乐善好施自行建功	光绪二十九年十一月
天津	翰林院编修	严修	捐民立学堂银三千两	内 五品卿衔	光绪三十一年正月

（续表）

州县	出身	姓名	因捐／因功	奖励功名（内／外）	年月
天津	候选道	徐诚	银一千两	内 乐善好施自行建功	光绪三十一年正月
天津	河南试用府	王贤宾	同	同	同
天津	山东后补府	王文郁	同	同	同
天津	候选知府	李宝恒	同	同	同
天津	州判衔	李鸿纶	助资修浚沟渠	由道府给匾	光绪三十一年正月
天津	盐商光禄寺署正衔监生	黄雋棻 黄保衡	捐河南舞隔州学堂银共二千两	内 同知职衔 光禄寺署正衔	光绪三十一年十月
天津	附贡	林兆翰	办学出力	内 内阁中书衔	光绪三十年十二月
天津	廪生	卞禹昌	同	内 国子监学正衔	同
天津	前户部江南司郎中	韩荫棻	助 初等工业银一千两	为故祖母韩陈氏建坊	光绪三十一年二月
天津	广东顺德州人花翎盐运同衔候选州同	冯景彝	助 天津民立第一银一千两	内 自行建坊	同
天津	知县	唐则瑀	助廿四史十部值银一千两	为故母唐廖氏建坊	光绪三十一年九月
天津	候选县丞	李德清	自捐私小合银四千两	内 自行建坊	光绪三十二年四月
天津	教员	韩雋祥 王大忻 孙庆锡	均因教育出力	各给五品奖札	光绪三十二年四月
天津	同	华凤河 郭峻城	同	同	同
天津	同	金承照 邓庆澜	同	各给六品功牌	同
天津	同	孟广进 张鸿来	同	同	同

（续表）

州县	出身	姓名	因捐／因功	奖励功名（内／外）	年月
天津	商人同知衔	安文忠	捐小学银一千两	内 自行建坊	光绪三十二年二月
天津	守备衔蓝翎尽先补千总	黄金祥	地一顷合银二千两余	内 为故父黄文泰建坊	光绪三十二年五月
天津	荫生	曹铁林	砖房十四间地十九亩四厘合银二千二百九十四两	内 为其父母建坊	同
天津	嫠妇	崔徐氏	地二十四亩合银三百元	由道府给匾	光绪三十二年又四月
天津	直隶补用道	严义彬	实银一万两	内 请赏给三代正一品封典	光绪三十二年六月
天津	留日陆军学生	谢家珍	助本村初小学舍并银合二千两	内 自行建坊	光绪三十二年十一月
天津	盐商候选同知	李文熙	在河南内黄县捐助银一千零十两	为故父母建坊	同
沧州	文生	方子静	地价银一百三十二两	外 六品功牌	光绪三十二年二月
沧州	副将衔	刘元书	捐助银一千六百五十两	内 自行建坊	光绪三十二年十一月
南皮	湖广总督	张之洞	捐建学堂合银二万七千两	内 奖给匾	光绪三十一年二月
南皮	一品荫生	张元骥	因办新政劳怨不辞	传论嘉奖	光绪三十二年二月
南皮	四品封典前大城训导	宫毓椿	同	同	同
南皮	候选布经历	张曾习	因办新政出力	给五品奖札	同
南皮	从九	张子桥	同	同	同
元城	文童	胡登蓬	助本村初小房地合京钱一千吊	外 五品奖札	光绪三十二年四月
南乐	绅士	姚林	助私立初小京钱五百吊	移奖其子俊秀姚士灵 六品功牌	光绪三十二年十一月
广宗	监生	毕书生	助津钱二百吊	外 七品功牌	同

（续表）

州县	出身	姓名	因捐／因功	奖励功名（内／外）	年月
钜鹿	六品衔	杨锡印	因历办善举	外 五品奖札	光绪三十三年正月
曲周	廪生	张鸿翊	因办学不辞劳瘁	外 八品功牌	光绪三十三年二月
曲周	从七品	李贵清	助本村初小每年五十吊以十年为止合五百吊	外 五品奖札	光绪三十三年正月
广平	职员	石德元	助小京畿二百余吊	请移其子文童石鸣鹤七品功牌	光绪三十二年十一月
威县	文生	尼澂	银二千一百一十余两	内奖贡生盐运同知衔	光绪三十二年四月
威县	卫千总衔	吕书田	库银一千五百两	内 参将职衔	同
威县	文童	王振邦	库银一千一百两	内 奖给监生同知职衔	光绪三十二年四月
威县	武童	田怀志	库银四百四十两	内 监生守备衔	同
威县	候选巡检	徐玺	银二千余两	内 运同职衔	光绪三十三年正月
威县		董登殿等六人	银一百两以上	外 五品奖札	光绪三十三年二月
威县		赵德荣等十人	银五十两以上	外 六品功牌	同
清河	初师教员	范宗文	捐薪水七百吊	外 五品奖札 教育宣劳匾	光绪三十二年十月
清河	员外郎衔法部主事	张鸣宸	银一千八百余两	内 随带加五级请正三品封典	光绪三十三年十二月
邯郸	文童	杨清翰	银一千两	内 监生同知衔	同
宣化知府	三品衔道员用	王守堃	办学卓有成效	内 二品顶戴	光绪三十一年五月
万全	劝学员	李景郝种德	因劝学出力	傅谕嘉奖	光绪三十三年二月
蔚州	总董选用州判	薛潭	劝学出力	外 五品奖札	光绪三十二年十二月
蔚州	廪生	赵翰卓	同上	外 六品功牌	同
蔚州	附贡	刘钟猷	同上	同上	同

（续表）

州县	出身	姓名	因捐/因功	奖励功名（内/外）	年月
多伦厅		西商乡耆等	公助学堂修费二千余两	给普明公义匾	光绪三十二年七月
多伦厅同知	在任候补知府	王锡光	助修高小银一千两	内 赏加三品衔	光绪三十二年十二月
围场厅	增生	王敬儒等三人	京钱一千吊	外 五品奖札	光绪三十二年十月
围场厅	俊秀	郝永兴	银三百两	同	同
围场厅	同上	成金镜等三人	钱八百吊	外 六品功牌	同
围场厅	同上	王云亭	钱六百吊	外 七品功牌	同
滦平知县	花翎道员用在任候补府	俞良臣	助建学堂银一千两	都统奏奖赏加三品衔	光绪三十二年五月
遵化	千总	唐秉公	捐初小东钱二千五百吊	由司给梓乡食德匾	光绪三十二年九月
丰润	大臣	端方	自设学堂一处	奏奖 御书匾额	光绪三十一年十一月
丰润	职员	金瑞祺	捐闲院充学舍	宫保给好义急公匾	光绪三十二年四月
丰润	三品封典监生	王廷弼	捐设学堂合银一万四千两	内 乐善好施匾额并移奖其子五云以知县遇缺尽先选用	光绪三十二年六月
丰润		郑刘氏	捐宣讲阅报所制钱五百吊	名垂彤管匾并奖伊子郑赞德六品	
丰润		刘凤林 刘扶生	各捐钱二百吊	六品功牌	光绪三十二年十月
丰润		刘贵柱 刘作斌 刘开翥	各捐钱一百五十吊	七品	同
丰润	滦州人	周尚宾	同上	同	同
丰润		张德恒 刘正志	各捐钱一百吊	七品	同
丰润		刘鸿济	捐钱一百吊并劝导有功	七品并由司给匾	同
丰润		刘建章	捐钱五十吊	九品功牌	同

（续表）

州县	出身	姓名	因捐 / 因功	奖励功名（内 / 外）	年月
玉田	附贡	丁德琛	捐学桥费一千两	内 同知衔	光绪三十一年五月
玉田	分省试用县丞	项祝萱	捐银一千二百两	内 五品升衔	光绪三十二年十一月
冀州	监生	雷润生	银一千两	内 五品虚衔	光绪三十年十月
冀州	候选训导	姜继品	银三千五百两 在本村设初小	内 花翎五品顶戴 请从五品封典	光绪三十一年二月
冀州	贡生	陈体贵	本村初小银一千两	内 五品虚衔	光绪三十一年三月
冀州	监生	李景唐	房舍地亩 合制钱五百千	外 五品奖札	光绪三十二年又四月
冀州	医生	陈恒昇	制钱一百吊	外 九品功牌	同
冀州	民人	马录同 陈春来	各捐初小京银一百吊	外 九品功牌	光绪三十二年八月
冀州	监生	姜济瀛	捐设女小学银一千两	内 同知衔	光绪三十二年十月
南宫	都司衔	韩文炳	捐设初小值银三千六百五十两	内 花翎副将衔加三级请从一品封典	光绪三十年十月
南宫	监生	赵凤翔	银三千三百二十两	内 副将衔加三级请从一品封典	同
南宫	同	冯炳章	初小银两千两	内 运同衔	光绪三十二年七月
南宫	同	魏桓	银一千六百两	内 蓝翎同知衔	同
南宫	文童	魏楣	银一千七百两	内 监生同知衔	同
南宫	廪生	刘营之	银一千一百两	内 贡生同知衔	同
武清	五品衔候选州同	张景龄	银一千七百两	内 蓝翎盐提举升衔请五品封典	同
南宫	监生	李玉珩 等八人	京钱三百吊以上	五品奖札	光绪三十二年十二月
南宫	俊秀	魏青山	二百吊以上	六品功牌	同
南宫	同	魏振槐等 十二人	一百吊以上	七品功牌	同
南宫	孀妇	鲍李氏	捐款兴学	急功好义	同
南宫	教谕	李份	劝捐出力	五品奖札	同

（续表）

州县	出身	姓名	因捐 / 因功	奖励功名（内 / 外）	年月
南宫	总董举人	赵缵曾	同上	同上 并劝导有方匾	光绪三十二年十二月
南宫	劝学员	张振铎等四人	同上	五品奖札	同
新河	典史	王裕堂	劝捐学堂经费出力	记大功二欠	光绪三十九年四月
新河	教谕训导	张乃赓 齐元庆	同上	内均 调署优缺记大功一次	同
新河	绅董	郝荫樟 刘世斌 王昆	同上	五品奖札	同
新河		张凤洲 刘开山	同上	同上	同
新河		贾同印等十四人	捐银百两以上	同上	同
新河		孙洛华等十九人	捐银五十两以上	六品功牌	同
新河	文童 五品顶戴	高廷弼 高魁斗	各捐银一千两	内 准建坊	光绪三十九年四月
新河	武童	张玉谨	京钱四百吊	外 六品功牌	光绪三十二年十月
新河	附生	张振瀛	京钱二百吊	外 七品功牌	同
枣强	绅士	吕佐清	本村初小二千两	内	
枣强	监生	荣振海	地值银一千三百一十六两	内	
武邑	文童	李锡赓	房值京钱五百吊	六品功牌	光绪三十二年九月
武邑	商人	李绍文	房值京钱五百吊	同上	同
武邑	文童	袁德九	房值京钱四百吊	同上	同
武邑	文童	李维垣 李维熙	合捐房合钱四百吊	各七品功牌	同
武邑	学董	李秀章 李朝贤	合捐合钱四百吊	同上	同
武邑	学董	张军通 张文郁	共捐房合钱六百吊	各九品功牌	同

附录2 光绪三十三年分派各属高等小学堂教员表①

各属	姓名	身份	各属	姓名	身份
通州	杨树荣	甯津附生	三河县	赵自诚	武清附生
武清县	揭葆光	河间附生	武清县公立	马瑞芳	蓟州附生
宝坻县	王兆临	高阳举人	蓟州	梁同绩	遵化廪生
香河县	石永龄	香河廪生		李宝书	涿州廪生
宁河芦台公立	田梯云	沧州附生	宁河县	任玉麒	丰润廪生
保定县	张锡山	冀州廪生	霸州	李篪	庆云附生
文安县	李秉钧	玉田增生	深泽县	李徒凤	高邑廪生
文安胜芳公立	张树槐	霸州附生	大城县	王钟藩	涿州附生
固安县	朱培松	新安附生		宝源	雄县附生
东安县	郭肖杭	武强附生	永清县	王荫柏	卢龙附生
大兴县	自请		西路厅	李逢谦	巨鹿附生
涿州	刘荣渌	阜城举人	宛平县	自请	
	李维藩	雄县附生	良乡县	李鹤云	成安廪生
房山县	单琴治	涿州附生	昌平县	李甡玖	赵州附生
	高书官	房山增生	密云县	阎继善	元城廪生
顺义县	宋峦溪	景州廪生	平谷县	齐凌汉	高阳附生
怀柔县	和应韶	沧州附生	保定第一公立	解云	唐县廪生
保定模范	盛仲魁	怀柔增生	保定中州公立	桑魁廷	宁津附生
	李兆镛	河间附生	保定师范附属	杨奉冈	晋州附生
	李钟元	衡水附生	清苑县	齐世铭	蠡县举人
	程维翰	隆平附生		王官周	枣强举人
满城县	晋如罔	蠡县附生	安肃县	张国桢	蠡县附生
定兴县	马涢	沧州举人	新城县	赵月卿	南宫附生
唐县	董清涟	文安附生	望都县	于汶涛	交河附生
博野县	李日刚	肃宁廪生	容城县	尹之衡	阜城附生
完县	刘广心	行唐廪生	蠡县	赵际昌	南宫附生
雄县	杨海	晋州附生	祁州	郝士芬	无极增生
东鹿县	路其昌	宁晋附生		刘堉璋	博野附生

① 光绪三十三年分派各属高等小学堂教员表[J].直隶教育杂志，1907（2）：61-68.

（续表）

各属	姓名	身份	各属	姓名	身份
东鹿县绩立	胡广辉	东鹿附生	东鹿县公立	崔耀	献县廪生
安州乡	王桐	清苑举人	安州	李志清	沧州举人
正定县	齐国标	蠡县附生	高阳县	张砚田	满城附生
井陉县	谢用霖	东鹿附生	获鹿县	靳玉如	滦州增贡
栾城县	贾成勋	东鹿附生	阜平县	曹文炳	宁晋附生
行唐公立	何文会	无极附生	行唐县	梁愈	平山附生
	田汝霖	满城附生		申毓庆	行唐
平山县	李塘	南皮增生	灵寿县	邢文珊	宁晋廪生
赞皇县	田炳勋	无极廪生	元氏县	李春山	无极附生
乐亭县	李荣绂	安平增生	晋州	高友直	南和廪生
无极县	李化敏	阜平廪生	无极县公立	马连楷	枣强附生
藁城县	崔世兴	获鹿增生	藁城县公立	杨际熙	藁城附生
新乐县	麻树人	望都附生	卢龙县	白士珍	肃宁增生
迁安县	王如山	枣强附生	抚宁县	马浚源	景州附生
	刘步瀛	南宫附生	昌黎县	杨舒文	宝坻廪生
抚宁县 第二	自请		济州	李长春	滦州举人
昌黎 张氏族立	胡清海	祁州附生		贾茂德	行唐
河间县	苗中坪	交河廪生	临榆县	周汝弼	宝坻廪生
献县 第二	边啓煌	任丘附生		李汉夫	冀州
肃宁县	桑魁卯	宁津举人	献县	崔见龙	宁津附生
交河县	王荩臣	蠡县附生	阜城县	陈翼堂	献县附生
景州	赵蓬台	盐山附生	任丘县	王树桂	任丘贡生
	曹晕锦	晋州	宁津县	李逢源	吴桥附生
东光县	李震国	任丘优廪	吴桥县	齐日智	河间增生
天津县	周方焕	天津	故城县	阎夏棠	景州廪生
静海县	周冕	东光附生		李登瀛	枣强
沧州公立	迟兰昇	沧州	青县	吴宗汉	博野增生
南皮县	秦钟毓	正定附生	沧州	张清淑	宁津增生
大名县	程毓琳	肥乡廪生	盐山县	朱焕星	获鹿拔贡
	张德裕	正定	庆云县	兰兴科	沧州附生

（续表）

各属	姓名	身份	各属	姓名	身份
元城县	逯岫	成安附生	大名乡公立	杨水福	长垣附生
	武文斌	获鹿	南乐县	李梦笔	磁州附生
清丰县	王宅西	元城附生		刘洞	平山
	王汝楫	永年廪生	东明县	卢廷俊	遵化附生
开州	刘铎	磁州增生	长垣县	刘沛源	清丰附生
	王怀珍	成安附生	沙河县	刘凤洲	安平附生
邢台县	杨冲霄	清苑附生		吴凤岐	南和附生
	石春黠	容城附生	平乡县	高元凯	雄县廪生
南和县	朱奉闲	济州附生	巨鹿县	崔尌	清河附生
广宗县	武天锡	定州增生	内丘县	刘凤德	行唐附生
唐山县	刘永寿	赞皇附生		李文汉	房山附生
任县	焦文采	东明附生	永年县	张春惠	蠡县增生
曲周县	陈畴	井陉廪生		郝利昶	南宫附生
鸡泽县	李玉田	永年附生	易州	李钟麟	高阳副贡
邯郸县	申怀璋	邯郸附生	肥乡县	范其骧	肃宁廪生
	王运贞	行唐	广平县	李景沆	永年附生
磁州	杨汝礼	磁州	成安县	和适中	磁州廪生
	白嘉徒	磁州	威县王村公立	刘文著	东鹿举人
	张继志	邯郸附生	威县	程登瀛	永年附生
	梁鸿章	永年附生	清河县	王怀璧	成安附生
围场厅	王翊尧	涿州附生	承德府	刘翰墀	新城廪生
平泉州	王鸿声	定州附生	济平县	王兰	献县附生
赤峯县	王树桐	顺义廪生	丰宁县	邢凤章	定州附生
建昌县	刘作舟	昌平州廪生	朝阳县	张文翰	静海附生
赤城县	张尧年	安平附生		李之桢	冀州
龙门县	张子纯	高阳附生	宣化县	刘杲	蔚州举人
蔚州	赵荣普	保安州举人	万全县	吕震	保安州廪生
怀安县	邢家梅	磁州附生	怀来县	徐兰芳	武强附生
保安州	王懿声	南皮附生	西宁县	宗翰藻	怀安增生
多伦厅	朱凤藻	丰润增生	延庆州	安永昌	赤城举人

（续表）

<table>
<tr><th>各属</th><th>姓名</th><th>身份</th><th>各属</th><th>姓名</th><th>身份</th></tr>
<tr><td>遵化县</td><td>张彩</td><td>安州乡附生</td><td rowspan="2">张家口厅</td><td>王思棠</td><td>定州附生</td></tr>
<tr><td>丰润县公立</td><td>苏世桢</td><td>丰润廪生</td><td>赵建勋</td><td>深泽廪生</td></tr>
<tr><td rowspan="2">冀州</td><td>姜文炳</td><td>盐山附生</td><td>独石厅</td><td>张书忍</td><td>蔚州增生</td></tr>
<tr><td>傅鸿恩</td><td>永年附生</td><td rowspan="2">丰润县</td><td>李桂芬</td><td>乐亭廪生</td></tr>
<tr><td rowspan="2">武邑县</td><td>刘荫枢</td><td>安平附生</td><td>时维屏</td><td>河间附生</td></tr>
<tr><td>王运丰</td><td>行唐</td><td>玉田县</td><td>谷芳苓</td><td>丰润附生</td></tr>
<tr><td>新河县</td><td>王如锦</td><td>武强增生</td><td>南宫县</td><td>李燦云</td><td>故城附生</td></tr>
<tr><td rowspan="2">赵州</td><td>潘艺林</td><td>沧州廪生</td><td rowspan="2">枣强县</td><td>范均</td><td>武强增生</td></tr>
<tr><td>李靖宇</td><td>赵州增生</td><td>范金声</td><td>枣强廪生</td></tr>
<tr><td>隆平县</td><td>节拜竹</td><td>任县增生</td><td>柏乡县</td><td>王丕承</td><td>邯郸附生</td></tr>
<tr><td>临城县</td><td>杨凝福</td><td>临城拔贡</td><td>高邑县</td><td>胡椿年</td><td>临城增生</td></tr>
<tr><td>深州</td><td>王欣然</td><td>磁州廪生</td><td rowspan="2">衡水县</td><td>魏维桢</td><td>武邑廪生</td></tr>
<tr><td>饶阳县</td><td>胡赛善</td><td>安州附生</td><td>黄锦荣</td><td>冀州附生</td></tr>
<tr><td>安平县</td><td>刘荫檀</td><td>安平增生</td><td>饶阳 县公立</td><td>宋桂星</td><td>南宫附生</td></tr>
<tr><td>曲阳县</td><td>温德华</td><td>饶阳廪生</td><td>广昌县</td><td>李又白</td><td>平川附生</td></tr>
<tr><td>深泽县
二班</td><td>张仁镜</td><td>河间附生</td><td rowspan="2">定州</td><td>唐汝勋</td><td>献县附生</td></tr>
<tr><td>涞水县</td><td>王运生</td><td>安肃附生</td><td>张恒升</td><td>定州</td></tr>
<tr><td>武强县</td><td>贺维狱</td><td>宁晋附生</td><td>宁晋县</td><td>刘春和</td><td>新城附生</td></tr>
</table>

附录3　光绪三十三年分各属中学堂教员表[①]

各属	科目	姓名	身份	各属	科目	姓名	身份
保定府	汉文	张嗣堪	曲阳举人师范毕业	保定府	汉文	刘际熙	玉田廪生师范毕业
保定府	英文	刘国桢	广东广州府选用县丞	保定府公立	汉文	苏苹	交河优廪师范毕业
正定府	汉文	齐玉岗	行唐留学日本理化毕业	正定府	汉文	马长龄	高阳廪生科学馆毕业
正定府	英文	林裕年	福建闽县北洋水师学堂毕业	正定府	英文	陈嘉猷	福建长乐北洋水师学堂毕业
天津府	汉文	阮文允	蔚州附生师范毕业	天津府	汉文	李煜暄	任丘附生师范毕业
天津府	英文	胡鍫	天津北洋大学毕业	天津府	英文	洪韵	江苏阳湖监生北洋大学毕业
天津府	英文	慕学勋	山东蓬莱县县丞北洋大学毕业	天津府如意庵	汉文	华泽灏	天津附生留学日本速成师范毕业
天津府如意庵	汉文	董恩祥	天津廪生	天津府如意庵	汉文	刘隽声	天津丁酉誊录
天津府如意庵	汉文	俞明谦	天津附贡留学日本速成师范毕业	天津府如意庵	法文	时作新	天津附生本堂毕业
天津府如意庵	法文	周金声	天津本堂毕业	天津府第一私立	汉文		自请
天津府第一私立	英文	吴梦兰	天津水师学堂毕业	天津府第一私立	法文	时作新	同上
天津府第二私立	汉文	张树声	东光增生科学馆毕业	天津府第二私立	汉文	周春官	天津附生自请
天津府第二私立	英文	安骏元	天津历充水师管轮各教员	河间府	汉文	曹振勋	新安
河间府	英文	陈钦宾	福建闽县	顺德府	汉文	黄玉堂	涞水廪生科学馆毕业
顺德府	汉文	王性河	宁晋附生科学馆毕业	顺德府	英文	严松章	广东番禺北洋大学堂毕业

---

① 光绪三十三年分各属中学堂教员表[J].直隶教育杂志，1907（2）：55-58.

（续表）

各属	科目	姓名	身份	各属	科目	姓名	身份
顺德府	英文	徐忠扬	安徽怀宁北洋大学堂毕业	大名府	汉文	田云骧	长垣附生师范毕业
大名府	汉文	冯清江	开州附生师范毕业	大名府	英文	钟良桢	福建侯官水师学堂毕业
大名府	英文	张毓棠	天津水师学堂毕业	广平府	汉文	李焜	永年举人科学馆毕业
广平府	汉文	郭步瀛	阜城举人科学馆毕业	广平府	英文	庞德辅	沧州把总水师学堂毕业
广平府	英文	卢世模	安徽无为水师学堂毕业	宣化府	汉文	薛士翰	蔚州科学馆毕业
宣化府	英文	邓鉴	浙江德清北洋大学毕业	永平府	汉文	崔琳	清苑举人卢龙训导
永平府	汉文	唐荣第	卢龙拔贡候补直隶州判	永平府	英文	何传熊	福建闽县水师学堂毕业
永平府	英文	华世椿	天津北洋大学毕业	乐亭县私立	汉文	张其昌	新城举人自请
乐亭县私立	英文	陈宗海	赵州附生保定高等学堂毕业	朝阳府	汉文	刘新桂	静海举人师范毕业
朝阳府	英文	张桐云	静海水师学堂毕业	热河	汉文		自请
热河	英文	居之敬	浙江平湖北洋大学毕业	热河	英文	孙保圭	江苏北洋大学毕业
冀州	汉文	范侗	深泽廪生师范毕业	冀州	汉文	陈毓华	
冀州	英文	李景涛	邯郸附生保定高等学堂毕业	冀州	英文	乐卿	清苑保定高等学堂毕业
枣强县	汉文		自请	枣强县	英文	王陈瀛	天津严氏英文馆
遵化州	汉文	李如林	饶阳举人师范毕业	遵化州	英文	吴佩洸	水师学堂毕业
赵州	汉文	孙之瀚	定州附生师范毕业	赵州	英文	郑国贤	广东新安香港皇仁书院毕业
深州	汉文	郭增禄	深州举人师范毕业	深州	英文	蓝道生	福建

（续表）

各属	科目	姓名	身份	各属	科目	姓名	身份
深州	英文	张官云		定州	汉文	高泽清	霸州科学馆毕业
定州	英文	梁奎龄	天津北洋大学毕业	定州	英文	张炳文	
易州	汉文	戴声教	安徽廪生	易州	英文	汝人鹤	江苏吴江北洋大学毕业
曲阳县	汉文	张琳	曲阳附生留学师范毕业	曲阳县	英文	窦鼎铭	定州保定高等学堂毕业

附录4 直隶全省中学堂简明表（节选）[①]

名称	地址	设立年月	教员	
			职名	履历
北洋客籍学堂	天津河北督署后	光绪三十一年十月	杨积芬	浙江举人
			白毓昆	江苏廪贡
			方尔谦	江苏岁贡 候选知府
河间府官立中学堂	城内书院改设，瀛州书院改设	光绪二十七年十月	国文： 李俊沄	交河附生 优级师范毕业
			王秉珍	蠡县附生 师范毕业
			马际沄	东鹿举人
			英文： 费荫堂	临榆附生 北洋大学毕业
永平府官立中学堂	城内书院改设，敬胜书院改设	光绪二十八年十月	中文： 白凤岐	举人 乐亭师范科
			张彭贤	举人 宁河师范科
			丁延启	举人 完县师范科
			钟一德	邯郸附生 北洋大学毕业
			任廷荃	大名廪生 北洋大学毕业
			杨华亭	乐亭附贡
广平府官立中学堂	北门外，清晖书院改	光绪二十八年十二月	郑锡璞	衡水附生 优师毕业
宣化府官立中学堂	大桥东	光绪二十八年十月	闪钦辰	保安廪生 优师毕业
			韩黄甫	雄县附生 优师毕业

① 直隶全省中学堂简明表[A]. 李桂林，戚名琇，钱曼倩. 中国近代教育史资料汇编·普通教育[Z]. 上海：上海教育出版社，1995：74-76，307-316.

（续表）

名称	地址	设立年月	教员	
			职名	履历
冀州官立中学堂	城内书院旧址信都书院改设	光绪二十八年十月	胡庭麟	廪生
			郑庆端	枣强廪生 优师毕业
			陈则君	滦州增生 北洋大学毕业
			刘令德	邯郸附生 北洋大学毕业
遵化州官立中学堂	龙山书院改设	光绪二十八年十二月	任季芳	安平附生 优师毕业
			刘廷佐	曲周附生 北洋大学毕业
			吕万绶	丰润举人 拣选知县
赵州官立中学堂	城内书院旧址，庆阳书院改设	光绪二十八年八月	田荣荆	宁晋附生 优师毕业
			王振岳	完县附生 优师毕业
			董之骧	沧州附生 北洋大学毕业
深州官立中学堂	城内北街书院旧址，文瑞书院改设	光绪二十八年十月	李蓉舫	高阳附生 优师毕业
			张文楷	安平附生 优师毕业
			张兰田	本州附生 北洋大学毕业
			朱汝楷	饶阳附生 北洋大学毕业
易州中学堂	城内道门口	光绪二十九年二月	张同书	雄县增生 优师毕业
			马承恩	吴桥廪生 优师毕业
			郭凤廷	交河附生 高等毕业

（续表）

名称	地址	设立年月	教员	
			职名	履历
正定府官立中学堂	城内恒阳书院改设	光绪二十九年正月	王汝成	廪生 北洋大学毕业
			郝折桂	廪生 优师毕业
			容呈愉	举人 师范毕业
天津府官立中学堂	城西北铃铛阁街，稽古书院改设	光绪二十九年正月	阮文允	蔚州拔贡 师范毕业
			马少鲁	赵州附生 师范毕业
			李鵴声	永年优贡 师范毕业
			董恩祥	天津恩贡
			王嘉善	天津拔贡
			华以恪	天津附贡
			阎凤阁	高阳进士
			胡家祺	天津举人
			辛寿培	天津附生
			张万青	承德人五品军功
			高兴昌	山东人五品军功
大名府官立中学堂	城内书院改设，天雄书院改设	光绪二十九年二月	中文： 袁仲垣	武邑优生 师范毕业
顺德府官立中学堂	城内长街	光绪二十九年正月	张海滨	南宫附生 北洋大学毕业
			赵子璧	磁州附生 北洋大学毕业
			王炳炎	故城举人 优师毕业
			郝书隆	栾城附生 优师毕业
			张鹤鸣	广宗拔贡

（续表）

名称	地址	设立年月	教员	
			职名	履历
承德府官立中学堂	城内西大街	光绪二十九年二月	锡祚	热河拔贡
			孙品璋	赤峰附生 中学毕业
			郭进贤	高邑附生 优师毕业
			刘崇本	雄县举人 法政毕业
			陈绪	承德举人
天津县私立第一中学堂	城西	光绪三十年九月	国文、经史：魏金题	附生
			国文、史地：俞明谦	附生 日本师范毕业
			英文：范莲青	监生
			国文：刘隽声	附生
			国文：高文彬	廪生
			图画：刘凤翰	监生
			体操：高兴昌	六品军功
			体操：张万青	六品军功
长芦官立中学堂	由运署迁河北西窑洼	光绪三十一年四月	国文：冯济臣	丰润拔贡 师范二年毕业
			国文：李钟元	衡水廪生 师范毕业
			英文：龚凤锵	江苏附生 北洋大学肄业

（续表）

名称	地址	设立年月	教员	
			职名	履历
保定府官立中学堂	城内城隍庙	光绪三十二年八月	王金鉴	安肃廪生 高等学堂毕业
			李大本	乐亭优贡 北洋大学毕业
			殷珍	南皮举人 优师毕业
			苏莘	交河廪生 师范毕业
			王家鹤	元氏举人 优师毕业
			天书麟	新城举人 师范毕业
			高庆题	东鹿举人
行唐县公立中学堂	城内南街	光绪三十二年正月	陈兆芙	蠡县附生 师范毕业
			杨增幅	附生 中学修业
天津县私立第二中学堂	杨柳青镇文昌阁，崇文书院改设	光绪三十二年二月	中文： 张树声	东光增生 科学馆毕业
			周春官	本县附生 候选巡检
			英文： 马嵘冀	东光附生 高等学堂毕业
			理化： 孙朝弼	南皮附生 天河师范毕业
枣强县官立中学堂	城内书院旧址	光绪三十二年正月	王如山	廪生 师范毕业
曲阳县官立中学堂	城内北狱庙东	光绪三十二年十月	韩路卿	安州附生 优师毕业
			董世芳	威海附生 北洋大学毕业
深泽县官立中学堂	河疃村	光绪三十二年七月	张清泉	举人 北洋大学毕业

（续表）

名称	地址	设立年月	教员	
			职名	履历
保定府公立育德中学堂	省城西关	光绪三十四年正月	算史：郝濯	坝州附生 师范毕业
			经史：杨万荣	蠡县廪生 师范毕业
			国文：齐汝襄	蠡县廪生
			代数、几何：何凤华	蠡县附生 北洋大学毕业
			英文：郭凤洲	高阳附生 北洋大学毕业
			英文：戴德馨	定州文生 高等学堂毕业
			地理、修身：王德涵	蠡县廪生 师范一年
			理化：勒沄旭	蠡县附生 京师大学毕业
			体操：王文山	附生 北洋陆军毕业
			图画：齐国梁	蠡县附生 师范毕业
两江公立中学堂	保定府城内两江会馆	宣统元年正月由高小改	郝英豪	清河举人 优师毕业
			陆鼎勋	昌黎举人 法政肄业
南宫县官立中学堂	城内东大街	宣统元年正月	张振先	附生 优师毕业

附录5 光绪三十三年分派定各属初级师范学堂教员表①

各属	姓名	身份	各属	姓名	身份
东路厅	周维新	新城附生	东路厅	梁纪凤	获鹿廪生
宝坻县	王书亭	涿州附生	蓟州	霍金城	清苑
南路厅	杨汝霖	雄县廪生	南路厅	赵燕林	广宗附生
霸州	邱映斗	宁波	文安县	李鸾翔	南宫附生
大城县	吕禀津	大城附生	永清县	贾丙照	天津
宛平县	闻桂馨	沧州廪生	涿州	郭毓璿	大城附生
昌平州	陈鋕	昌平增生	密云县	郝叔宗	安肃附生
清苑县	刘润之	清苑	满城县	郭寿榕	新城附生
定兴县	李鸿宾	安肃增生	新城县	田书麟	新城举人
博野县	赵云阁	深州增生	祁州	郑朝熙	衡水附生
束鹿县	李镜湖	束鹿副贡	高阳县	张凤章	蠡县附生
正定府	朱桐江	清河廪生	正定府	郑润	冀州附生
获鹿县	薛省三	磁州举人	阜平县	朱树楹	乐亭附生
乐城县	李清源	深泽附生	行唐县	陈兆芙	蠡县附生
灵寿县	赵丕均	灵寿附生	平山县	王树桐	故城附生
元氏县	李鼐	赞皇廪生	赞皇县	王砥平	赞皇廪生
晋州	李铎	平乡增生	无极县	赵焕梅	祁州增生
永平府	韩玉崑	藁城附生	永平府	柴石蓉	磁州附生
昌黎县	孔庆禄	任丘附生	临榆县	田耕蓝	临榆附生
河间府	刘焕章	任丘优廪	献县	郑之溱	束鹿附生
任丘县	李世英	任丘	宁津县	史陈经	高阳廪生
景州	李恩泽	威县廪贡	东光县	宋庆吉	任县廪生
故城县	周凤翔	宁晋附生	静海县	叶玉琪	南皮附生
沧州	李葆华	蠡县廪生	盐山县	高步元	涞水附生
庆云县	杨俊谦	南皮附生	大名府	张宗敬	高阳
大名府	王青之	大名优廪	顺德府	曲铭盘	任县附生
顺德府	王大柱	行唐	南和县	李全声	乐亭附生

① 光绪三十三年分派定各属初级师范学堂教员表[J].直隶教育杂志，1907（2）：58-61.

（续表）

各属	姓名	身份	各属	姓名	身份
唐山县	刘之汉	唐山	广平府	张彭年	枣强
广平府	翟书元	永年	永年县	乔同风	广宗增生
肥乡县	魏汝绍	威县附生	广平县	张聚庆	隆平
邯郸县	张本地	邯郸举人	成安县	李光瀚	磁州附生
威县	任道源	邯郸附生	清河县	范宗文	清河廪生
磁州	史春山	清河附生	朝阳府	监玉麟	蠡县附生
建昌县	张荫江	景州附生	宣化府	王敬宾	完县廪生
宣化县	马景琦	东光附生	赤城县	齐炳煌	南宫增生
万全县	田锡	西宁附生	蔚州	崔霦	无极廪生
西宁县	王屺	西宁	保安州	赵晋荣	盐山
遵化州	任步瀛	昌黎附生	丰润县	杨鹤翔	南和廪生
玉田县	刘荣第	玉田岁贡	冀州	曹思郃	交河廪生
冀州	辛润圻	定州廪生	南宫县	韩云楼	盐山附生
新河县	靳景云	新河	枣强县	李维申	枣强廪生
衡水县	耿治琴	衡水	赵州	倪殿英	藁城附生
隆平县	王国霖	隆平廪生	高邑县	王克明	广宗增生
临城县	马乃金	冀州附生	临城县	沈仲沅	交河增生
深州	焦伯魁	深州	深州	高之屏	深州
饶阳县	高伊臣	深州	安平县	董冠英	本州廪生
定州	张宗哲	定州	曲阳县	李靖邦	邯郸增生

附录 6 晚清直隶省新式教育活动大事记（1860—1911）[1]

咸丰十年（1860）

是　年 基督教公理会传教士柏亨利在天后宫成立小书房，这是外国教会最早在天津的办学活动。

同治十一年（1872）

是　年 美国基督教会——美以美会派吉瑞（G. R. Caris）来天津，在海大道（今大沽路）修建教堂，设立“蒙学馆”（相当于小学）。

光绪六年（1880）

8 月 19 日 李鸿章奏请在天津设立北洋水师学堂，次年落成。以吴赞诚为总办，严复为总教习，设驾驶、管轮两班，设英文、几何、代数、平弧三角、八线、级数、重学、推步、地舆、测量等课程，兼习操法，并课以经书及国文等。

9 月 16 日 李鸿章奏请在天津设立北洋电报学堂。

10 月 6 日 北洋电报学堂开学，聘丹麦人来华教授电学知识和电报发报技术。

光绪七年（1881）

8 月 北洋水师学堂正式落成，开始招生。

12 月 15 日 李鸿章在天津设医药馆（亦称医学馆），有学生 8 人。

---

① 资料来源：《保定市教育志》、《天津通志・基础教育志》、《定州市教育志》、《藁城教育志》、《冀县教育志》、《赵县教育志》、《近代天津教育图志》、《河北教育大事记（1840-1990）》、《保定近代教育史略》、《天津教育史》（上卷）、《天津近代教育史》

1893 年改称北洋医学堂。

光绪十一年（1885）

是　年　直隶总督李鸿章于正月奏请在天津设武备学堂，校址在天津海河之东唐家口。该校于是年二月间挑选弁兵百余名入堂肄业，是清末第一所新式陆军学堂。

光绪十二年（1886）

是　年　美国人丁家立在天津英租界开办不带宗教色彩的“中西书院”，自任校长，招收学生数十人。该院是外国人在中国办的不带宗教色彩的第一所学校。

光绪十三年（1887）

是　年　天津知府汪守正、邑绅崔铨约、杨云章等将稽古寺藏经阁改建为稽古书院。

光绪二十一年（1895）

10月2日　津海关道盛宣怀呈请直隶总督兼北洋大臣王文韶奏准开办“天津北洋西学学堂”。分头等、二等学堂，修业各四年，校址在天津梁家园外之博文书院。盛宣怀兼任督办，聘请美国人丁家立为总教习。

是　年　直隶提督聂士成于唐山市郊开平镇成立开平武备学堂，聘请德国人教授德文及军事。

光绪二十二年（1896）

是　年　保定设蒙养学堂。光绪三十年（1904）改称保定初等小学堂，旋又改为保定模范小学堂。

是　年　严复在天津创办俄文馆，自任总办，并亲自拟定课程、聘请教员。

是 年 天津北洋西学学堂更名为北洋大学堂。

光绪二十三年（1897）

11 月 22 日 山海关北洋铁路官学堂成立。

11 月 27 日 北洋大学堂举行“赛跑”。对此，《萃报》进行了报道。这是有文字记载的本省大学生田径运动会之始。

是 年 天津宁河县王照在芦台创办小学堂一所。

光绪二十四年（1898）

4 月 13 日 直隶总督王文韶奏请变通书院章程，于保定创建畿辅学堂。同年 4 月 15 日光绪帝谕准。由清苑知县劳乃宣选定保定西关灵雨寺为校址，聘请美国人丁家立为总教习。

是 年 严修辞去贵州学政之职，回天津兴办新学。

光绪二十五年（1899）

是 年 天津头等、二等学堂（北洋大学堂）、天津水师学堂派学生 12 人赴日本留学。

是 年 北洋大学堂头等学堂第一班学生王宠佑、王宠惠、关应麟等 25 人，经 4 年肄习，于本年毕业。这是我国历史上从本国大学毕业的第一届毕业生。

光绪二十六年（1900）

是 年 八国联军侵占天津。北洋大学堂所在地梁家园一带划为德租界，校舍被德国侵略军占据。学堂停办。

是 年 吴汝纶在保定莲池书院开办西文学堂和东文学堂。

是 年 保定天主教堂创办法语学校，校长为法籍人狄德遂。

是 年 英国基督教会在天津设立“新学大书院”。设初级中学科，招收学生 70 名，后增设预备科和大学科，由初级科至大学科毕业共十二年。大学科四年，分文学部与理学部，前两年共授基础学科，后两年分授专科。

是　年　王照于天津编成《官话合声字母》。

光绪二十七年（1901）

3月9日　严修于天津稽古书院旧址创办普通学堂(中等学堂),招生98人,美籍人格林为英文总教习。光绪二十九年(1903)春,学堂移交天津知府衙门,改名为天津府官立中学堂。

是年秋　直隶学政陆宝忠来定州视察学务，倡议兴办学堂。经与州绅王振尧、谷钟秀及定武书院绅董王延纶、王维新和知州王忠荫协商，决定改定武书院为定武学堂。

是　年　河间知府王守堃，召集乡绅会议，改瀛州书院为河间府官立中学堂，招生70人，于10月15日开学。

是　年　直隶总督兼北洋大臣袁世凯为筹集学堂经费，鼓励个人捐资兴学，捐款两万元，并为其他捐款兴学者奏报请奖，先后奏准给20多个州县的捐款人以各种奖励。

是　年　赵州知州吴国栋奉上谕，改赵州书院为赵州官立中学堂，并任总办。

光绪二十八年（1902）

2月21日　定武学堂正式开学授课，卢举臣为监督，王铭轩任司事。学生30余人。不久改校名为直隶定州官立中学。

4月　袁世凯于保定设立直隶学校司，为全国最早的省级教育行政机构。学校司下设专门教育、普通教育、编译三个处，各处设总办一人。

6月24日　在原畿辅学堂基础上改建的直隶高等学堂正式开学。直隶高等学堂是北洋大学堂的预备学校，于民国二年（1913）并入北洋大学堂。

7月9日　直隶总督袁世凯奏准在省城保定创办师范学堂。堂址初在保定城内金线胡同，翌年迁至北关。

11 月 袁世凯主持在天津创建北洋军医学堂。地址在天津南斜街原浙江会馆。任命徐华清为总办，培养北洋陆军军医。

11 月 袁世凯拟订《小学堂暂行章程》《师范学堂暂行章程》及《中学堂暂行章程》。

11 月 袁世凯于保定西关外霍家大园创办直隶农务学堂。黄璟为总办，设预备、速成两科，农业、蚕桑两专业。当年 11 月招收学生 140 名，又附设有农业传习所，招收学生 80 名。此为我国最早的高等农业学校。光绪三十年（1904）改为直隶高等农业学堂。

是年冬 袁世凯在天津创办警务学堂。

是 年 袁世凯着手恢复天津头等、二等学堂（北洋大学堂）。将天津西沽武库全址及所有房屋扩充为校舍，并用银五万两修建一座新楼。

是 年 八国联军入侵时停办的北洋西医学堂恢复开学，由中国医生屈永秋任总办，法国军医梅尼任总教习，将北洋医院作附属医院，培养普通医士。

是 年 定州翟城村米春明在本村创办育正初等学堂。此为定州第一所小学。

是 年 严修、林墨青等在天津创办天津民立第一小学堂。光绪三十二年（1906）由学务公所定名为天津两级模范小学堂。该校为直隶省开创最早、当时办得最好的新式小学堂。

是 年 全省开始设立官办小学堂。各县就旧有书院或庙宇祠堂改办小学，名为官立高等小学堂，修业年限定为四年。嗣后各乡镇相继设立初等小学堂，五年毕业。但以事属创举，人们多持怀疑态度，故入学者无多。入学年龄亦无限制，甚至高等小学学生年龄有在二十以上者，初等小学学生年龄在十四五左右。

是 年 永平府（今卢龙县）之警胜书院改设直隶官立永平府中学堂。

是 年 遵化直隶州（今遵化市）在城内贡院旧址创设遵化官立中学堂。

是 年 深州（现深县）文瑞书院改建为深州中学堂，经费由深、武（强）、饶（阳）、安（平）四县分担。

是　年　广平府之清晖书院改建为广平府官立中学堂，校址在永年县。民国元年（1912）改称为广平府中学校。

是　年　冀州信都书院改建为冀州中学堂，学生来源于冀县、新河、南宫、枣强、武邑、衡水等县。

是　年　赵州庆阳书院改建为赵州官立中学堂。民国二年（1913）改为直隶省立赵县中学，1917 年改称河北省立第十五中学校。

是　年　宣化府之柳川书院改建为宣化府中学堂。民国三年（1914）改称为直隶省立第十六中学校。现为宣化第一中学。

是　年　袁世凯于保定创建直隶巡警学堂，这是全国最早的警察学校。

是　年　保定府在南清真寺创办初等小学堂一所，学生 10 余人，教员 1 人，皆系回族。至光绪三十二年（1906），学生增至 40 人。是已知的新式教育以来河北境内最早的民族小学堂。

是　年　保定孟省吾于省城南关舢舫头村，创办私立同仁初等小学堂，为全省私立小学堂之始。

是　年　袁世凯在保定设立北洋行营将弁学堂、练官营、参谋学堂、测绘学堂等几所短期军事学堂。

是　年　袁世凯创办直隶农务学堂，堂址设于西关外霍家大院。

是　年　保定府第一、二、三、四初等小学堂建立。

是　年　严修创办严氏女塾，开天津女学风气之先。

是　年　严修 8 至 10 月赴东渡日本，考察教育。

是　年　林墨青同卞宝廉、卞世清、张炳创建天津民立第二小学堂，校址在南门里问津书院旧址。

光绪二十九年（1903）

1 月　直隶总督选派杨士骧为直隶学校司总理。

2 月　承德府官立中学堂设立，地址在城内西大街。

2 月　天津知府凌彭福创办北洋工艺学堂。

10 月 北洋武备速成学堂于保定创办。第一年招生 200 名，分为马、炮、经理、测绘各科，学制两年。光绪三十二年（1906）更名为通国陆军速成学堂，招生扩大到 600 名，学制仍为二年，宣统元年（1909）并入保定军官学堂。

是年秋 严修推荐陈哲甫、刘宝慈等 10 名天津籍教师赴日本留学。

是 年 冀州在翘材书院设立高等小学堂，开冀州新教育之先例。

是 年 易州中学堂成立，校址在易县城内。

是 年 赵州高等小学堂创建。

是 年 大名府之天雄书院改建为大名府官立中学堂。

是 年 顺德府官立中学堂成立，校址在顺德府城（今邢台市）。

是 年 正定府就恒阳书院旧址改设中学堂。

是 年 由袁世凯主持，在天津警务学堂与保定巡警学堂合并的基础上，建立北洋巡警学堂。校址在天津东门外南斜街，培养一般警官和高级警官。

是 年 天津知府凌福彭等与严修在西北角城隆庙创办的“天津官立两等小学堂”开学，袁世凯亲书匾额“官立小学堂”。这是天津最早的官立小学。

是 年 河北大寺小学堂、行宫庙小学堂创建。

光绪三十年（1904）

3 月 6 日 直隶布政使柳生春等奏准创办保定医学堂，招收学生 20 人，学习期限九年，前三年教授医学普通书，再分大方脉、妇科、儿科，授以专门学之书三年，三年后再授以西学医学。

3 月 严修出任直隶省学校司督办。

4 月 袁世凯改直隶学校司为直隶学务处，督办改称总理。

4 月 严修、张伯苓赴日本考察学务。

7 月 候补道员吴钱荪创办中州公立学堂，设中学和高小各一班。

9 月 北洋工艺学堂改名为直隶高等工业学堂（简称“直隶高工”）。制定学章，整理教务，增聘教习。分正科和速成科两类。

9 月 直隶学务处决定改保定东文学堂为东文专修科，附入直隶师范学堂。

9月 周学熙创办教育品陈列馆。

10月 严修、张伯苓赴日本教育考察归国后，于天津创办私立中学堂，年终改名私立敬业中学堂。张伯苓为堂长，校舍在严宅偏院。保定官立模范两等小学堂创立，堂长王泽澄。

10月 直隶师范学堂添设附属高等小学堂一所。

11月 保定初级师范学堂建立。堂址设于保定西关。

是 年 直隶农务学堂改为直隶高等农业学堂。是年“农务局”由高等农业学堂兼办，并发行面向全国的《农务官报》（半月刊），学堂总办改称监督。除农业、蚕桑科外，添设林科和农业教员讲习科。

是 年 王照在保定设立字母学堂10处。袁世凯颁令各军营一律通行官话字母。

是 年 直隶学务处在天津设立“简字学堂”，传授王照编定的官话字母。

是 年 保定军械局总办以军械关系重大，必须设法改良，请示直隶总督获准就该局旧址开办速成军械学堂。

是 年 陈宝泉、邓澄波在天津西门外城隍庙内筹设单级小学堂一处，以邓澄波为堂长兼教员，是为北方提倡单级教授之始。

是 年 保定两江会馆创办两江学堂和《直隶白话报》。直隶高等学堂学生吴越积极参与此事，并请保定武备学堂（原将弁学堂）的教员于星期日来两江学堂进行反清讲演。《直隶白话报》为保定首创的私人报纸。

是 年 直隶师范学堂的教职员所设的崇实中学堂开学，教学科目分为十门。该学堂为河北第一所民办的中学堂。

是 年 吕碧城在津建立天津公立女学堂。

是 年 长芦盐运使陆嘉谷在北门里长芦盐运使署内创办“长芦中学堂”，专收盐商和长芦子弟就读。

是 年 在严修的推动下，天津专为无力就读的贫寒子弟开设了9所贫民半日学堂。

是 年 天津县官立第一女子小学堂创办。

是　年　天津公立电报学堂创办。

是　年　严修创办师范讲习所，是为直隶造就师资之发端。

光绪三十一年（1905）

3月29日　袁世凯奏请于保定设立军医学堂、马医学堂、经理学堂和军械学堂。

3月　孙自久、吴鼎昌创办保定公立两等小学堂。

3月　保定师范学堂改为保定优级师范学堂。

3月　直隶学务处为能随时请示直隶总督，由保定迁至天津。

4月　天河师范学堂成立，校址在天津西北角文昌宫，讲授教育学及教学法，为天津及河间二府培养小学堂师资。

5月　长芦官立中学堂设立，地址先在运署（盐运衙门），后迁河北西窑洼。监督汪开祉。

8月　清苑知县罗正钧为温仁村贡生张仲山等创办女学一所向全县发告示，号召“广行兴办”。

9月　直隶总督袁世凯颁布《兴学告示》。

9月　袁世凯在保定创办直隶法政学堂和幕僚学堂。直隶法政学堂由课吏馆改办，招收安徽、山东、河南等省举贡，学制两年。幕僚学堂设于直隶法政学堂，招收本省士绅、各署幕僚，学制三年。

是年冬　直隶学务处创设劝学所，以推进城乡办学。1906年学部将劝学所推广至全国。

是　年　直隶省指令各府州县速立初级师范学堂，并照章除完全科及简易科外，添设预备科及小学师范讲习所，设旁听生，以期更多培养教员。

是　年　为培养蒙学教师，冀州纠合五县改贡院旧址为学舍，立冀州六属初级师范学堂。

是　年　《直隶教育杂志》出版，每月朔望发行，除暑假、年假外，每年出二十册。

是 年 保定府中等商业学堂、保定艺徒学堂、保定习艺所、保定普通科学馆等创立。

是 年 保定高等农业学堂创办《北直农话报》。

是 年 直隶高等学堂师生创立直隶公立高等小学堂，地址在西关讷公祠，这是保定最早的自费小学。

是 年 藁城县将滹南书院改为县第一高级小学堂，总董李树春。增聘教员 10 人，学生发展到 300 余人。同时设立劝学所，任命李树春为所长，是为县级教育行政机构。

是 年 直隶学务处在津创立如意庵官立中学堂。

是 年 在津设北洋客籍学堂，解决在津官吏子弟的入学问题。

是 年 天津私立第一中学堂添设学制两年的“师范班”；同时还创立了“保姆讲习所”和附属“蒙养园”。

是 年 天津成立“图书室”，这是天津最早的图书馆，地址在中山公园天津教育品陈列馆内。

是 年 严氏女塾改为严氏女学，分高小、初小两级。

是 年 天津开设天、西、地、甘四个宣讲所。

是 年 天津初等工业学堂创立，校址在玉皇阁。

是 年 天津直指庵、有德庵、玉皇庙、过街阁、营务处等官立小学堂成立。

是 年 天津最早的民立女学——普育女学堂创办。

是 年 天津高等女学堂成立。

光绪三十二年（1906）

2 月 11 日 直隶总督袁世凯奏请于天津设立北洋师范学堂，分设：（一）完全科，六年毕业，（二）专修科，两年半毕业，（三）简易科，一年毕业。是年新校舍落成。招收本省学生 230 人，西北各省旗及山东、山西、河南、东三省学生 120 人；各省自费生 50 人，共 400 人。分为七个班：专修预科 5 个班，简易科 2 个班。11 月开学上课。

3月5日 天津官立模范两等小学堂正式开学，刘宝慈任校长。

3月11日 北洋大学堂选派30名学生赴美国各专门学堂肄业。

3月 保定府官立中学堂建立。校址设于城内城隍庙。知府凌福彭为总办。

4月27日 直隶总督袁世凯派武备学堂学生分赴德、奥两国学习陆军。

4月 冯国璋在保定创办中等商业学堂。后改称保定府公立中等商业学堂。

4月 清苑县官立小学堂建立。创办人张衡。校址在西郊皇华馆。

4月 政务处、学部会商奏请裁学政设提学使司。四月奉旨照准。自此各省乃有一致的教育行政机关。原直隶学务处会办卢靖任直隶提学使，裁撤学务处，改设学务公所，辅佐提学使参划学务，并备督抚咨询。

4月 各省学政改为提学使司，管理全省教育事务，卢靖任直隶提学使。

6月13日 直隶总督袁世凯奏陈在保定省城设立军官学堂，于各镇军官内选派学员入堂肄业，分为速成、深造两科。速成科一年半毕业，学员为40—60人。深造科三年毕业，学员为50—80人。暂借用前将弁学堂房屋先行开课。段祺瑞任督办。

同 日 天津女学事务处总理傅增湘创办北洋女子师范学堂开学。傅增湘任学堂监督。设简易科，招收学生107人，修业期限为一年半。

6月24日 直隶总督袁世凯奏请在天津设立北洋陆军讲武堂，调派各营军官分班肄业，分学科、术科、内堂、外场。额设学员180人。每班以三个月为限。蒋雁行为总办。

6月 直隶女学堂在保定成立。校址在仓门口（今永华中路西侧）。该堂为河北省第一所女子中等学校，首任校长冉楷。该堂还附设一所蒙养院（这是保定第一所幼稚园）。

7月 天津商务总会总理王贤宾，奉清政府农工商部命令，在天津建立天津中等商业学堂，办学的目的是为建立高等商业学堂准备学员，并为商业培养一般人才。

是 年 袁世凯委派黎渊为监督筹设北洋法政学堂，于天津新开河兴筑校舍。光绪三十三年（1907）落成招生，分正科和预科，设法律、政治两门，学习期限各为三年。另设简易科，学习期限为一年半，招收绅职人员。宣统元年（1909）改为北洋法政专门学堂。

是 年 袁世凯在保定创建军官学堂，次年隶属于军咨处（后改军咨府），亦称“军咨府军官学堂”“陆军行营军官学堂”，宣统三年（1911）改称陆军预备大学堂。

是 年 私立诚慎中学堂、宣化公立普通学堂建立。

是 年 保定府、清苑县劝学所建立，学部向全国推广。

是 年 冀州改“督学”为劝学所，设总董 1 人，公举劝学员 10 人，以促进教育普及为职志，划分 6 个学区，分赴劝导立学。

是 年 赵州初级师范学堂建立，堂址在州署西，监学邢春星，学生 35 人。

是 年 冯国璋在保定创办商业学堂。

是 年 北洋大学堂获准附设师范科。俄、德、法文班毕业后停止招生。自本年起除师范科外，其余各科学生每月收学费银五两。

是 年 保定阅报处建立。

是 年 为了培养日文翻译人才，在天津建立了“东文翻译储才所”，校址在学务公所内。

是 年 在河北关下和大王庙东广济补遗社，分别成立了天津民立第一、第二艺徒学堂。

光绪三十三年（1907）

4 月 27 日 袁世凯奏陈《北洋师范学堂试办章程》。《章程》分总纲、优级完全科、专修科、初级简易科、自费生、职员、斋舍、图书馆、附属学校、附则等共 95 条。

9 月 22 日 天津私立敬业中学堂迁入新校舍，更名为私立南开中学堂。

11 月 1 日 《直隶重订中学堂现行详章》共 35 条，包括总纲、学生资格及学费、学生学级学额、学科程度、入学及退学、考试及毕业等六章。

是年冬 以陈幼云为首的 13 名同盟会员于保定西关那公祠小学堂创办育

德中学堂，陈幼云任监督。

是　年　直隶布政司经历柳甡春等创立保定医学堂。

是　年　清苑县官立初等第一女学堂创立。

是　年　直隶女学堂附属蒙养院开班，这是保定第一所幼稚园。

是　年　定州设立劝学所，负责劝办学堂。主管官员称劝学总董。第一任总董么立祥。这一机构设立后，办学风气日盛，至宣统三年（1911）辛亥革命前，全州共有小学堂130处。

是　年　严修与王幼章合办天津最早的通俗画报——《醒俗画报》。

是　年　学部视学员视察保定大、中、小各类学堂20所。直隶师范学堂、直隶高等农业学堂和保定习艺所受到好评。

是　年　天津体育音乐传习所成立典礼，卢木斋创办。校址附于河北公园直隶学务公所内。

是　年　具有协商及监督双重任务的天津教育会宣告成立。

是　年　林墨青创立天津师范传习所。

是　年　天津县发布改良私塾告示。明令“各私塾教师以半年为限，限令学习各学科以及教授管理之法，然后考核”。

光绪三十四年（1908）

9月　北洋大学堂选派齐国梁、李建勋等人出国留学。

是　年　直隶总督杨士骧奏遵章改设巡警学堂暨各属设立巡警教练所。

是　年　直隶法律学堂在臬署法政学堂的基础上建立。

是　年　在直隶公立高等小学堂基础上改建的育德中学堂开学，陈兆雯（幼云）为监督（校长）。

是　年　直隶省开始设立蒙养院。其设立最早者为直隶省城女学堂及天津普育女学附设之蒙养院。教授修身、谈话、游戏、唱歌及积木、折纸等课。

是　年　《直隶全省中学堂现行详章》公布。此章程计有11章68条。

是　年　直隶总督杨士骧为督办改良私塾，令各府、州、县先行调查：“凡教授渐期合法之乡间私塾，劝其改良为私立初（高）等小学堂。不合师资，贻误青年者，立予解散。经改良一两年后，学堂在30人以上，且常年有经费，始转为私立小学堂。”据此，各地约近半数乡村将私塾改为改良私塾，农家子弟多在此入读。

是　年　赵州民众宣讲所成立，设宣讲员2人，逢四、九集日宣讲，是为赵州民众教育开端。

是　年　冀县西羡家庄由举人羡希三出面，希三弟羡亚堂主办，出地三亩，筹银3500两，银元千余，建房16间，创羡氏私立高、初两级小学堂，遂成为冀县西北部文化教育中心。后羡氏学堂闻名四方，朝廷赏羡希三五品花翎一顶，以示嘉奖。

是　年　藁城南孟镇李振清创办1所蒙养学堂，招收邻村40名蒙童，接受蒙养教育。

是　年　清苑县着手改良城内外私塾，并在《直隶教育杂志》刊登《私塾改良简章》。

是　年　张伯苓赴欧美考察教育。

是　年　中国最早的女留学生金韵梅在津创立北洋女医院附属长芦女医学堂。

是　年　天津直隶图书馆成立。

宣统元年（1909）

2月1日　直隶总督杨士骧奏请筹设法律学堂。清政府于本月17日批准。

3月28日　直隶教育总会在天津召开成立大会。该会旨在辅助地方教育行政，图教育之发达。

9月23日　滦州马家沟总局（即滦州矿务有限公司）在赵各庄开办测绘学堂。

12月　学部以北洋法政学堂屡起风潮，决定解散，特咨直隶提学使司，所有该堂之别科，归并保定法政学堂，预科归并北京政法学堂，其新设之中学班全行解散。

是 年 据清政府学部第三次教育统计，直隶省设劝学所152所，居全国之首位。

是 年 府立保定师范学堂成立。旋即改称直隶第二师范学堂。民国元年（1912）改称直隶省立第二师范学堂。

是 年 清苑县知县黄国瑄创办盲哑学堂，招收盲哑学生各30名，分班教授。学生除学习文化知识外，还学习音乐、绘图、照相、木工等技艺。

是 年 赵州教育研究所成立，学务人员每月初一、十五到所研究教育工作两次。

是 年 保定直隶图书馆建立。

是 年 保定盲哑学堂建立。

是 年 冀州劝学所总董李备六为家乡东王家庄建立高等小学堂，并聘请日本早稻田大学毕业生张鲁宝为教师。

是 年 省立实业补习学堂建立于北菜园，民国元年（1912）改称直隶甲种工业学校。

是 年 原两江会馆开办的两江公立高等小学堂改为两江公立中学堂。监督段祺瑞、李树棠，总办罗开榜。

是 年 清苑县官立中学堂建立。堂址在城内城隍庙，监督张国淦。

是 年 卢木斋在天津创办卢氏蒙养园。

是 年 清苑县官立初等第二女学堂建立。

是 年 天津在全国第一个成立了近代地理学的学术团体——“中国地学会”。会长张相文，编辑部长白毓昆（雅雨）。

宣统二年（1910）

是 年 孙子文在天津设立直隶水产讲习所，隶属于劝农道，为全国首家水产讲习所。假天津长芦中学旧址开课。转年改为直隶水产学堂，设渔捞、制造两科。

是　年　以各府、州、厅所设之师范学堂，办理成绩参差不齐，分别进行改组或停办。将北洋师范学堂改为商业学堂。天河师范改为第一师范，在保定设立第二师范，滦县设立第三师范，邢台设立第四师范。此时除直隶优级师范外，省立初级师范共有四所，招收五年制的完全科，并准附设简易科。

是　年　《直隶提学司详直隶总督变通文实分科文》在本年《直隶教育》第三期发表。此文针对中学文实分科所带来的问题，提出了“将文实之分略为改近”的意见和学校设置的办法。

是　年　清苑县官立初等第三女学堂建立。

宣统三年（1911）

5　月　海军部筹设海军学堂，决定直隶水师学堂改建为枪炮学堂。

7　月　学部调查各省简易识字学塾成绩，直隶省共设4160所学塾，学生69405名，居全国之前列。

是　年　直隶总督陈夔龙奏请裁撤北洋师范学堂，改设高等商业学堂。

是　年　“天津客籍学堂”和“长芦中学堂”并入南开中学堂，校名改为“公立南开中学堂”。